ステップ30

Photoshop
CS6 ワークブック

もくじ

メニューとツールパネル……6
様々なパネル ……8

Step 01 画像編集前の基礎知識 ………………………………………… 10
●解像度……10 ／●画像のタイプ ……10 ／●カラーモード……11
●コピーとペースト……11

Step 02 起動とファイル作成 …………………………………………… 12
●Photoshopの起動……12 ／●新規ファイルを作成……12
●画面の基本操作……13 ／●タブ表示とウィンドウ表示……14
●タブ表示のアレンジ……14

Step 03 ツール、パネル ………………………………………………… 16
●ツール……16 ／●パネル……16 ／●オプション……17
●目的に応じたパネル配置……18

Step 04 レイヤー機能 …………………………………………………… 19
●レイヤーの構造……19 ／●レイヤーパネル……19 ／●リンク……20
●グループ……20 ／●重要な機能……20

Step 05 ブラシの基本 …………………………………………………… 21
●描画時の調整……21 ／●プリセットの切り替え……21
●ブラシのカスタマイズと保存……22

Step 06 簡単なイラストを描く ………………………………………… 23
●ブラシで描画……23 ／●グラデーションで背景を描画……24

Step 07 データの保存 …………………………………………………… 25
●保存の操作……25 ／●編集用のデータ保存……25
●別の画像形式で保存……25 ／●上書き保存……26
●別名で保存……26 ／●自動保存データ……26

Step 08 ウェブ用の画像出力 …………………………………………… 27
●Web用に保存……27 ／●保存の形式……28 ／●画質……28
●色数……29 ／●透明部分……29

もくじ

Step 09 画像の読み込み ……31
- ファイルを開く……31 ／ ●ダブルクリックで開く……31
- ドラッグ＆ドロップで開く……32 ／ ●配置……32
- クリップボードの画像を開く……33

Step 10 選択範囲を作成 ……34
- 選択状態とは……34 ／ ●選択関連のショートカットキー……34
- 選択関連のツール……34 ／ ●選択範囲をぼかす……36

Step 11 描画領域を限定する ……37
- 選択範囲を作成……37 ／ ●透明部分をロック……37
- レイヤーマスク……38 ／ ●クリッピングマスク……38

Step 12 パターン画像を並べる ……40
- 塗りつぶしツール……40 ／ ●パターン画像の定義……41
- パターン画像の保存と実行……41

Step 13 フィルターで画像加工 ……43
- フィルターの基本的な使い方……43 ／ ●画像からテクスチャを作成……43
- 星空のエフェクトを作成……44

Step 14 画像の色を変える ……46
- カラーモードを変える……46 ／ ●色相・彩度を変更する……47
- べた塗りレイヤーで色調変化……48

Step 15 画像の調子を補正 ……49
- 明るさ・コントラスト……49 ／ ●露光量……50
- レベル補正……51 ／ ●トーンカーブ……52

Step 16 元画像を保持して加工する ……53
- スマートオブジェクト……53 ／ ●スマートフィルター……54
- 調整レイヤー……54

Step 17 カンバスサイズの調整 ……56
- カンバスサイズ……56 ／ ●画面解像度……57
- 切り抜きツール（Cキー）……57 ／ ●切り抜き……58 ／ ●トリミング……58

3

Step 18 オブジェクトの変形 ··········· 60

●基本的な変形……60 ／●拡張キーで変形を固定……61 ／●ワープ……61
●パペットワープ……61 ／●変形による劣化を防ぐには……62

Step 19 オブジェクトの移動と複製 ··········· 63

●移動……63 ／●複製……63 ／●整列……64 ／●分布……64

Step 20 不要な部分を除去 ··········· 66

●コピースタンプツール……66 ／●修復ブラシツール……67
●スポット修復ブラシツール……68 ／●パッチツール……69

Step 21 複数画像の合成 ··········· 71

●合成前の準備……71 ／●サイズと位置調整……72
●描画モードの変更……72 ／●合成の注意……73

Step 22 パスの描画 ··········· 74

●基本的な描画……74 ／●様々なセグメントの描画……75
●描画の終了……76 ／●パスの活用……76

Step 23 簡単な図形の描画 ··········· 78

●シェイプツール……78 ／●描画のカスタマイズ……78
●パスのカスタマイズ……79 ／●通常のレイヤーにするには……80

Step 24 文字の入力と形状編集 ··········· 81

●基本的な文字入力……81 ／●色を変える……81 ／●文字の変形……82

Step 25 レイヤースタイルで質感を与える ··········· 84

●スタイルパネル……84 ／●レイヤースタイルを付加……84
●カスタマイズ……85

Step 26 GIFアニメーションを作成 ··········· 88

●ファイルとレイヤーの準備……88 ／●フレームの設定……89
●トゥイーンで補間……90 ／●アニメーションの出力……91

Step 27　リンク付き画像を作成　　92

●画像をスライス処理……92 ／●HTML 用の設定……93
●画像と HTML ファイルを保存……94 ／●ブラウザで表示確認……94

Step 28　3D 機能で立体化　　95

●オブジェクトを 3D に変換……95 ／●視点、光源の設定……96
●シェイプの設定……96 ／●マテリアルの設定……97
●レンダリング……98

Step 29　操作を自動化　　99

●アクションの作成……99 ／●操作を記録……100
●アクションの実行……101 ／●アクションの注意……102

Step 30　大量の画像を自動処理　　103

●ドロップレットの作成……103 ／●処理の実行……105

索 引　　106

※本書は Widows 版 Photoshop CS6 に基づいて記述し、画面ショットを掲載しています。
　一部の演習に関連する .psd ファイル（Windows 版）等は、以下からダウンロードできます。

　http://www.cutt.jp/books/978-4-87783-831-7/psd831.zip

メニューとツールパネル

各ステップで利用しているメニュー、ツールパネルを記載します。番号はステップ番号です。

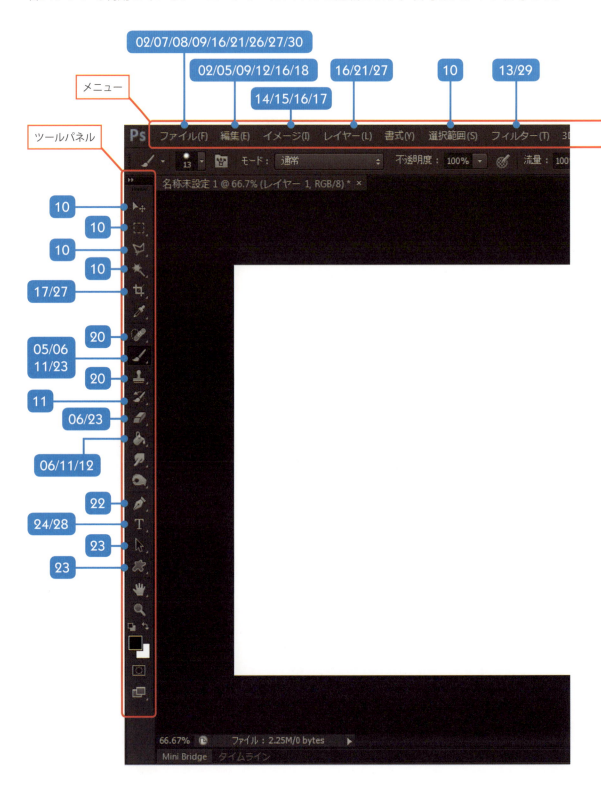

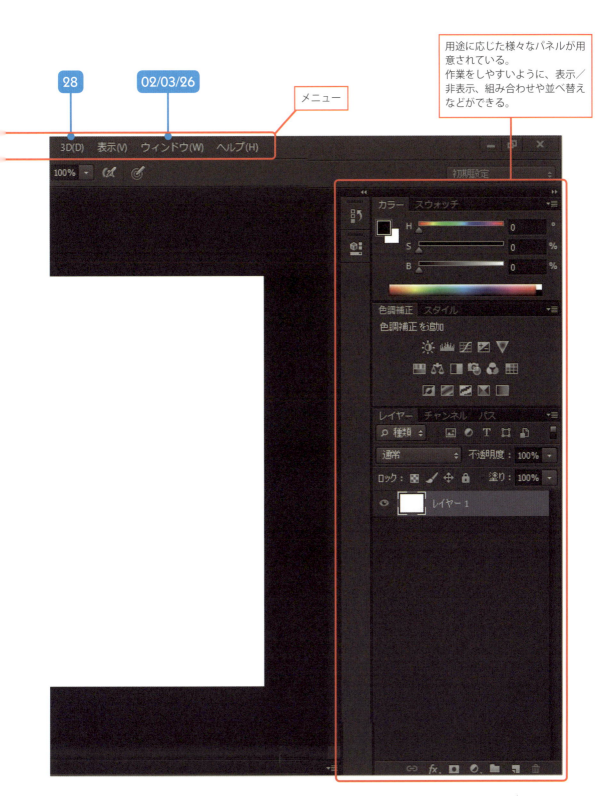

メニューとツールパネル

様々なパネル

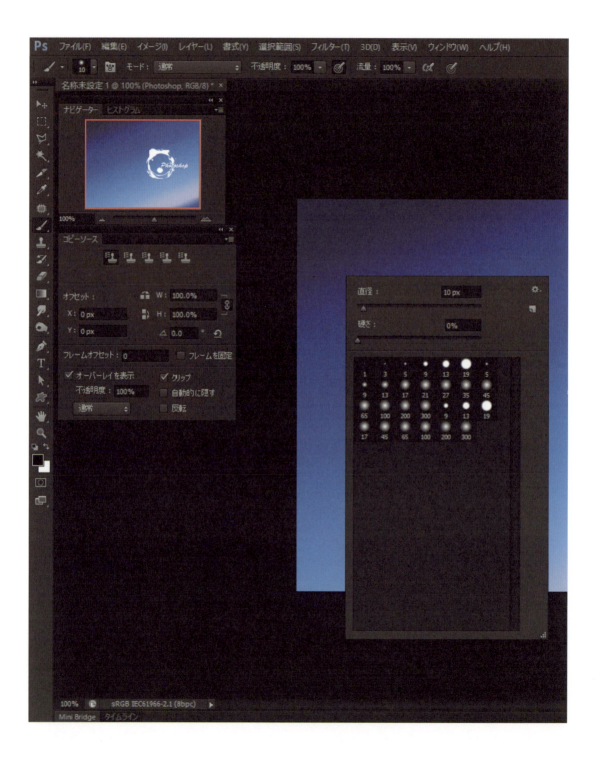

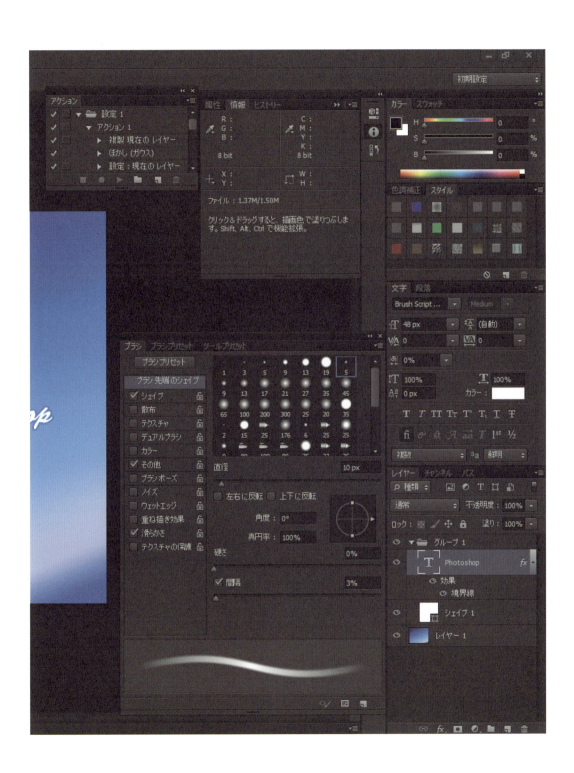

様々なパネル

画像編集前の基礎知識

画像処理を行う上で、デジタル画像データが持つ様々な特性や基本操作についての基礎知識を身に付けておくと、Photoshopや他の画像編集ソフトの理解も深まります。

● 解像度

解像度とは1インチにいくつのピクセルが並んでいるかを示すもので、画面解像度の単位はppi（出力装置では出力解像度、単位はdpi）です。数値が高いほど画像は高画質になりますが、データは重くなります。

ウェブ用

ディスプレイの標準的な解像度に合わせ、ウェブサイトで使用する画像の場合は72ppiで作成されます。低解像度で印刷には向きませんが、ファイルサイズが軽くなります。

図1-1●プリセット「Web」選択時

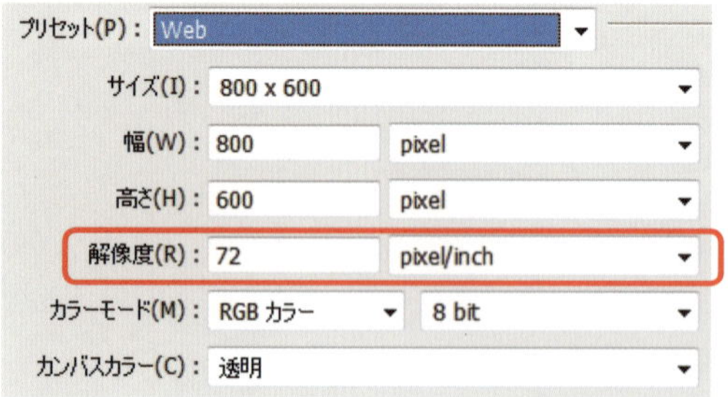

印刷用

インクの点の集まりによって画像を表現するため、高い解像度を必要とします。数値が高すぎても視認できないので、一般的には350ppi前後で作成します。

図1-2●プリセット「写真」選択時

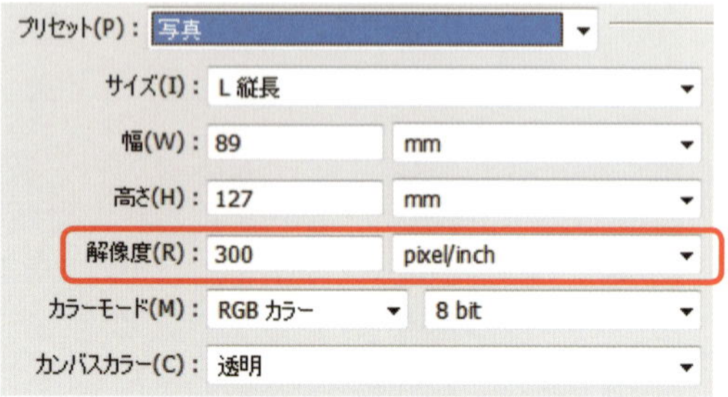

● 画像のタイプ

デジタル画像データは以下の2種類に分けられます。

ラスター形式

Photoshopで主に扱う形式です。最小の点であるピクセルの集合体で、拡大表示するとブロック構造が見えます。写真や濃淡の多い画像に向いていますが、ファイルサイズが大きくなる傾向があります。

画像を拡大縮小すると劣化するので加工には注意が必要です。

図1-3●元画像

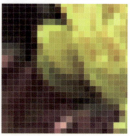

図1-4●1200%拡大表示

ベクター形式

数式でデータが管理されているため、拡大縮小しても劣化しないのが特徴です。反面、写真のような濃淡の多い画像の表現には向いておらず、主にデザイン的な CG 制作で利用されます。

図1-5●Photoshopのシェイプ画像

図1-6●形状を編集できるアンカーポイントとハンドル

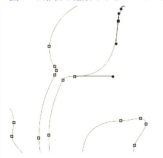

ペンツールなどで描画されたベクター状態のオブジェクトも、出力時はラスター形式になります。

● カラーモード

色を表示するモードはいくつかあり、主に以下の2つが挙げられます。

RGB カラー

R（赤）、G（緑）、B（青）の光で「光の三原色」と呼ばれます。ディスプレイでの出力に使用される方式なので、画像の編集作業時はこのモードで行います。

図1-7●RGB：混合すると白になる

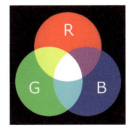

CMYK カラー

C（シアン）、M（マゼンタ）、Y（イエロー）の「色料の三原色」に K（ブラック）を加えた 4 色で表します。印刷用のデータ保存時用のカラーですが、一般的なインクジェットプリンターを使用する場合は内部で変換処理が自動で行われるため、特に選択する必要はありません。

図1-8●CMY：混合すると黒になる

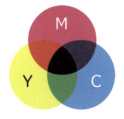

● コピーとペースト

一般的なソフトでも用いられている操作で、Photoshop でも多用します。

コピー

選択箇所を設定後、その内容を Ctrl+C キーで「クリップボード」という一時的な保存領域に送る操作です。Ctrl+X キーによるカットでもクリップボードに送られます。

ペースト

クリップボードにある内容を Ctrl+V キーで貼り付ける操作です。単純なテキストであれば異なるソフト間でも受け渡し可能な場合もあります。

起動とファイル作成

Photoshopは総合的な画像編集ソフトで、写真の補正の他にCGイラスト制作や動画編集ツールとしても使用できます。このステップでは、Adobe Photoshop CS6を使用した基本的な操作を学習します。

● Photoshopの起動

インストールした場所にある実行ファイルをダブルクリック、またはWindowsロゴキーで

「スタート」メニューを開き、「すべてのアプリ」などから起動します。

● 新規ファイルを作成

上部メニュー「ファイル」→「新規」（Ctrl+Nキー）で設定画面を開きます。

「プリセット」を選択すると自動で幅と高さなどが入力されます。「カンバスカラー」は「透明」以外を選択すると不透明な背景レイヤーが生成されます。

図2-1● 「ファイル」→「新規」

図2-2● 「新規」ウィンドウ

「プリセット」を選択すると、「幅」「高さ」などのデフォルト値が自動で設定される

「OK」で決定すると、画面中央にカンバスが表示されます。

図2-3●カンバス

● 画面の基本操作

　描画時や確認時に画面を操作するツールやショートカットキーが用意されています。

図2-4●画面の拡大、縮小：ズームツール（Zキー、Ctrlキー＋「＋」「－」キー）

図2-5●拡大表示時の視点移動：手のひらツール（Hキー、Spaceキー）

　Ctrlキー＋「＋」「－」キーによる拡大縮小、Spaceキーによる視点移動は、他ツール選択時でも切り替え不要で使用できます。

● タブ表示とウィンドウ表示

　CS6の初期設定では各ファイルはタブ表示です。旧来のウィンドウを独立させる表示に変えることもできますが、Windowsタスクバー上でも独立し、場所を取るというデメリットがあります。

　タブ表示の時は複数ファイルが横に並びます。

図2-6●タブ表示

　タブをドラッグして下部に移動すると、独立したウィンドウ表示になります。上部にドラッグしてタブの位置にドロップするとタブ表示に戻せます。

図2-7●ウィンドウ表示

　表示については、必要に応じて上部メニュー「編集」→「環境設定」→「インターフェイス」の「オプション」で表示設定を行います。

● タブ表示のアレンジ

　複数タブの並べ方を選択でき、開いている画像を見比べたい時などに見通しがよくなり便利です。

　上部メニュー「ウィンドウ」→「アレンジ」→「4アップ」を選択します。

図2-8●「4アップ」を選択

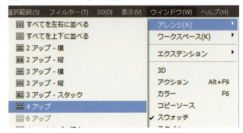

　4つのタブが均等に表示されます。

14

図2-9●4アップでのタブ表示

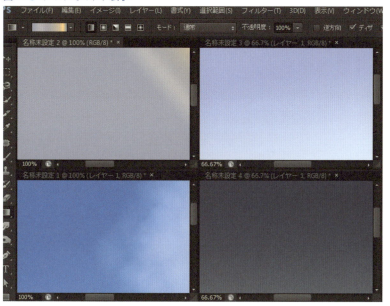

> **演 習**
>
> (1) サイズ「1024 × 768」pixel、解像度「72」pixel/inch、カンバスカラー「透明」の新規ファイルを作成しましょう。

Step 03 ツール、パネル

画面上には様々な機能を持つパネルがあります。必要に応じて位置をドラッグで変更したり、上部メニュー「ウィンドウ」で表示を切り替えると作業を効率よく進められます。

● ツール

各アイコンをクリックして選択できます。マウスオーバーでツール名とショートカットキーが表示されるので覚えておくと素早く切り替えられるようになります。

図3-1●ツール類の一部

右下に三角があるアイコンは長押しで同系統の別ツールのリストが表示されます。

図3-2●ツールを展開

● パネル

初期は使用頻度の高いものが画面右側にいくつか配置されています。

右の隅にある折りたたみメニューアイコン（▼≡）をクリックするとパネルごとの設定メニューが表示されます。

図3-3●初期設定のパネル配置

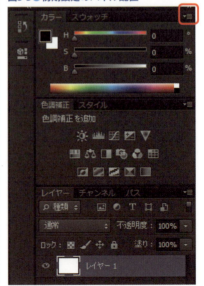

操作に慣れないうちは、情報パネルを表示して説明を確認しながら作業するようにすると、選択中のツールの機能と拡張キーを早く覚えられます。

ヒストリーパネルを表示しておくと、操作の取り消し（Ctrl+Zキー）ややり直し（Shift+Ctrl+Zキー）をマウスのクリックで行えます。

図3-4●情報パネル

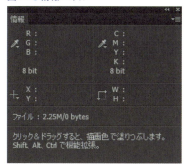

図3-5●ヒストリーパネル

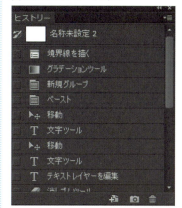

●オプションバー

画面上部の「オプションバー」にはツールごとの設定項目が表示されます。ブラシなどはプレビュー部分からプリセットピッカーを表示できます。

図3-6●オプションバーとプリセットピッカー

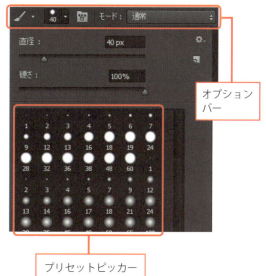

Step 03　ツール、パネル | **17**

● **目的に応じたパネル配置**

上部メニュー「ウィンドウ」→「ワークスペース」、またはオプションバー右からペイントや写真などの編集用のプリセットを選択できます。好みに配置した後、「新規ワークスペース」で保存しておくと便利です。

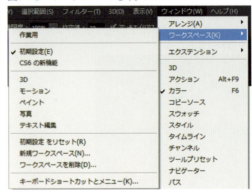

図3-7● 「ワークスペース」内のメニュー

演習

(1) ブラシパネルを表示してみましょう。
(2) ヒストリーパネルは、初期設定の画面のどこかにアイコンとして格納されています。展開してみましょう。

Step 04 レイヤー機能

レイヤーは多くの画像編集ソフトで採用されている便利な機能で、それぞれに画像や文字を加えてカンバス上で1つの画像として表示が可能です。このステップでは、レイヤーと関連機能について学習します。

● レイヤーの構造

レイヤーは上から下に重なる層で、それぞれが独立しているので他のレイヤーに影響を与えることなく編集ができ、パーツごとにレイヤーを分けて作業したり、必要に応じて表示／非表示を切り替えて確認すると便利です。

図4-1●レイヤー構造
太陽、人物、背景を別々のレイヤーに描画

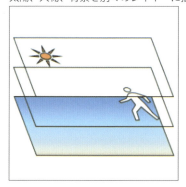

図4-2●カンバス上の表示
各レイヤーをカンバスに重ねて表示

● レイヤーパネル

最初は1つのレイヤーがあり、クリックで選択すると現在の編集対象になります。背景レイヤーの場合はロック状態なので、編集を加えるにはダブルクリックで通常のレイヤーに変換します。

パネル下のファイルアイコン（　）から新規レイヤーを追加でき、以下は他の操作の一部です。

- レイヤー名をダブルクリック：名前の変更
- Ctrl+ クリック：複数のレイヤーを選択
- Shift+ クリック：連続するレイヤーの選択
- 並べ替え：ドラッグまたは Ctrl+[、] キー

図4-3●レイヤーパネル

Step 04 レイヤー機能 | **19**

● リンク

　レイヤーの位置関係にかかわらず結び付ける機能です。リンク中のどれかのレイヤーに対して（Ctrl+T キー）や移動ツール（V キー）で編集すると、リンクレイヤーも対象になります。

図4-4●リンクを設定したレイヤー

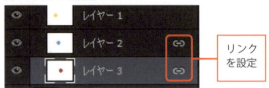

● グループ

　パネル下のフォルダーアイコン（📁）から追加できます。中にレイヤーを格納してグループ化すると、折りたたんで省スペースが可能な他、共通した効果を持たせることができます。
　グループを非表示にすると、中のレイヤーの表示アイコンも暗く表示され、カンバス上には表示されなくなります。

図4-5●グループ

● 重要な機能

　レイヤーの右クリックメニューから使用できます。

レイヤーを複製

　元のレイヤーを保持したい場合などに多用します。

下のレイヤーと結合：Ctrl+E キー

　レイヤーはいくつも追加できますが、作業が進んだら適度に結合して余分なレイヤーを増やさないようにしましょう。

表示レイヤーを結合（Shift+Ctrl+E キー）

　全て結合されて1つのレイヤーになりますが、透明部分は保持されます。

画像を統合

　上記と似ていますが「背景」レイヤーとなり、編集不可の鍵アイコンが付きます。ファイルサイズは軽くなりますが、透明部分は失われ不透明になります。

図4-6●画像を統合したレイヤー

演習

（1）複数のレイヤーを作成してみましょう。
（2）レイヤーの名前を変更してみましょう。
（3）グループを作成し、中にレイヤーを入れてみましょう。

Step 05 ブラシの基本

色を塗るブラシツール、消去する消しゴムツールなど、フリーハンドで描画するタイプのツールでは、共通のプリセットが使用されます。必要に応じてブラシをカスタマイズし、作業の効率化を図りましょう。

● 描画時の調整

基本は円形で、同じサイズでも硬さを設定することで柔らかく広がったり、はっきりした縁になります。

図5-1●硬さ
(a) 0%

(b) 100%

不透明度の変更などはオプションから行えますが、以下のショートカットキーも便利です。

- 画面上から色を取る：Alt キー（スポイトツール（I キー）と同じ）
- サイズ変更：[,] キー
- 硬さ、直径：Ctrl+Alt+ 右ドラッグ※
- カラー変更：Shift+Alt+ 右ドラッグ※

※「環境設定」の「パフォーマンス」→「グラフィックプロセッサーを使用」が有効である必要があります。

● プリセットの切り替え

ブラシプリセットパネルから選択する他、カンバス上で右クリックすると、オプションのプレビュークリック時と同じくプリセットピッカーが表示されます。さらに歯車アイコンから別のプリセットを選択して置き換えができます。

図5-2●現在のプリセットとその他一覧

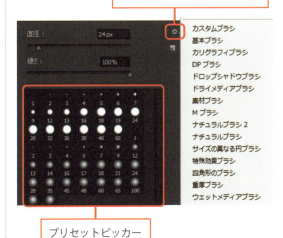

歯車アイコン、クリックでプリセットの一覧が表示される

プリセットピッカー

● ブラシのカスタマイズと保存

　画像からブラシを作成でき、さらにブラシパネルでは変形や散布などの様々な特徴を持たせてオリジナルのストロークを作成できます。

　上部メニュー「編集」→「ブラシを定義」で、選択範囲内の画像からブラシを作成できます。

図5-3●ブラシ名

図5-4●ブラシパネル

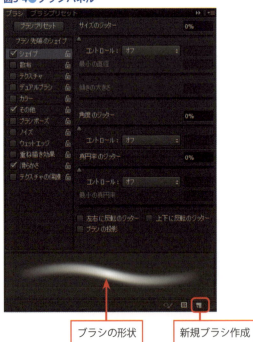

　パネルで編集したブラシは、パネル下のファイルアイコン「新規ブラシを作成」でブラシプリセットに追加できます。

図5-5●ブラシ名

　作成したブラシはプリセットを切り替えると消えてしまうので、ブラシプリセットパネルのメニューアイコン→「ブラシを保存」でファイルとして保存します。

図5-6●ブラシを保存

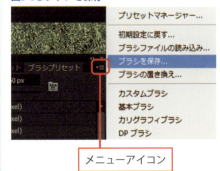

演習

（1）以下のようなストロークのブラシを作成しましょう。

図5-7●作成するブラシ

Step 06 簡単なイラストを描く

Photoshopはイラストを描くソフトとしても使用できます。慣れれば本格的な描画も可能で、このステップでは、基本的な描画ツールの練習として簡易的にイラストを描く方法を学習します。

● ブラシで描画

ショートカットキーはBキーです。形状が明確なものを描画するには、硬さ100%のブラシを使用します。ペンタブレットを使用すると、紙に描く感覚で描画できます。

ブラシプリセットパネルのメニューアイコン→「サイズの異なる円ブラシ」から「ハード円ブラシ」を選択します。

図6-1●ハード円ブラシ

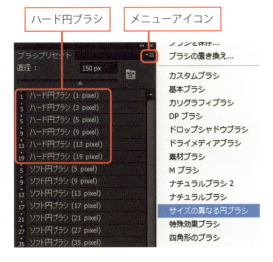

ベース形状を描画し、同じブラシプリセットを選択した消しゴムツール（Eキー）で形状を整えます。

図6-2●描画例：葉

※ Photoshopのブラシの多くは間隔が25%に設定されていますが、円ブラシではストロークがでこぼこになる原因になります。値を下げると滑らかなストロークで描画できるようになります。

図6-3●間隔

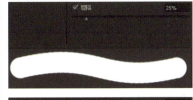

(a) 25%

(b) 1%

● **グラデーションで背景を描画**

グラデーションツール（Gキー）は、簡単に滑らかな濃淡を描画できるツールです。色はプリセットから選択したり、オプションから好みの色を作成します。

葉レイヤーより下に背景用のレイヤーを配置します。

図6-4●背景用のレイヤーを配置

描画色に暗い灰色、背景色に明るい灰色を設定し、グラデーションのプリセットから「描画色から背景色へ」を選択しています。

図6-5●「描画色から背景色へ」を選択

カンバス上でドラッグして色の幅と方向を指定します。Shiftキーを押したままにすると方向を固定できます。

グラデーションを描画して完成です。

図6-6●描画例：葉の背景を追加

演習

（1）以下のようなりんごの絵を描画しましょう。後で使用するので、りんご、柄、葉、背景はそれぞれ4つのレイヤーごとに分けて描画します。

図6-7●描画例：りんご

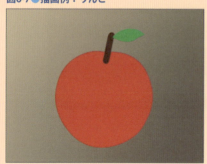

データの保存

保存に関する項目は上部メニュー「ファイル」内に複数あり、このステップでは作成したデータを目的別に保存する方法を学習します。

● 保存の操作

ショートカットキーは Ctrl+S キーです。新規に保存する場合は、保存場所とファイル名を指定するウィンドウが表示されます。

Photoshop 上で新規作成した画像の場合、拡張子が「.psd」のファイル形式がデフォルトで選択されています。

図7-1●「別名で保存」ウィンドウ

● 編集用のデータ保存

PSD ファイルは Photoshop のデータ形式です。レイヤー構造などを保持でき、次回開いた時に編集を再開できるので、これが基本的な保存形式になります。

図7-2●PSD形式のファイル

● 別の画像形式で保存

保存時に PSD 形式以外を選択することもできます。拡張子が「.jpg」や「.bmp」などの一般的な画像形式で保存すると、他のソフトで利用することなどが可能になりますがレイヤー情報は失われるので、編集を続ける場合は PSD ファイルとして保存し、完成後に別形式で出力保存するようにしましょう。

図7-3●保存可能な形式

Step 07 データの保存 | 25

● 上書き保存

　保存済みのデータに編集を加えた後は、Ctrl+Sキーでこまめに上書き保存しながら作業し、フリーズ時など突然の作業内容損失に備えておきましょう。

　ウェブ用の画像形式として一般的なJPEG形式は、保存時にデータが圧縮され劣化します。ファイルを開き編集を加えて再び保存すると、そのたびに劣化していくので何度も上書き保存するのは避けるようにしましょう。

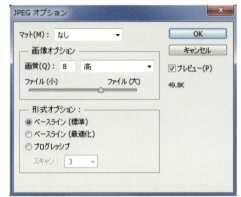

図7-4 ● JPEGの保存オプション

● 別名で保存

　ショートカットキーはShift+Ctrl+Sキーです。上書き保存せず新たに名前を付けて保存すると、現在のデータを維持したまま別のファイルとして保存できます。

● 自動保存データ

　予期せぬ原因でPhotoshopが強制終了し、その時にデータを外部保存していなかった場合、次回起動時「PSAutoRecover」フォルダーに自動保存されていたファイルが開き復元されます。

　しかし、常に復元できるとは限らないので、大事なデータはこまめに保存しましょう。

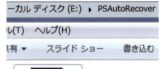

図7-5 ● 自動保存データ

演習

(1) ステップ06の演習（1）で作成した画像をPSDファイルとして保存しましょう。

ウェブ用の画像出力

通常の編集データ保存以外にも、ウェブ用に特化した保存機能があります。通常の保存時にウェブ用の形式を選択した場合よりも、詳細な設定を行うことができます。

● Web用に保存

　プレビューを確認しながらウェブ用に適した画像形式や画質を選択できます。

　上部メニュー「ファイル」→「Web用に保存」を選択します。ショートカットキーはAlt+Shift+Ctrl+Sキーです。

　デジカメで撮影した写真データはサイズが非常に大きいので、ウェブ上に掲載するなどの目的であれば適度に縮小する必要があります。編集時に縮小しておくか、保存の設定画面下部でサイズを指定します。

図8-1●Web用に保存

図8-2●保存の設定画面

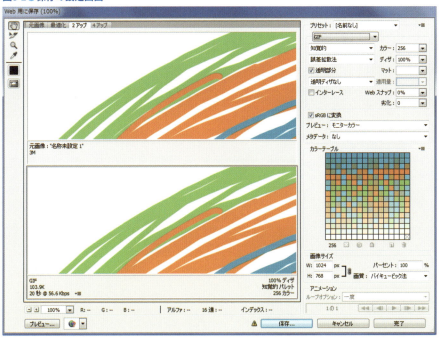

●保存の形式

　ウェブ上で使用する画像はファイルサイズを軽くするのが望ましく、写真のような色数が多いものは JPEG 形式、色数の少ないものは GIF または PNG 形式が適しています。

●画質

　JPEG 形式の設定項目で、数値が高いほど画像はきれいに表示されますがファイルサイズは重くなり、低いほど荒く劣化した画像になりますがファイルサイズは軽くなります。特に色と色の境目でブロックノイズが発生しやすく、画質と軽さのどちらを優先するか慎重に判断する必要があります。

図8-3●元画像と画質80、30、10のプレビュー（拡大表示したもの）

● 色数

　GIF 形式では「カラー」の項目で画像で使用される色数を指定します。最大は 256 色で、色数を少なくするほど単調な画像になり、ファイルサイズは軽くなります。

図8-4●元画像と色数256、32、4のプレビュー（拡大表示したもの）

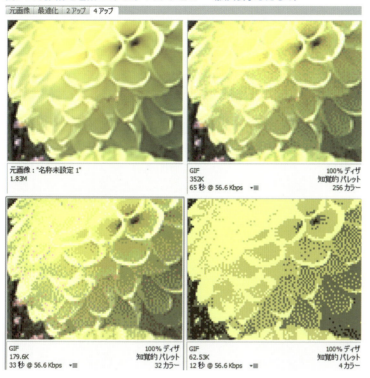

● 透明部分

　編集した画像に透明部分がある場合、JPEG など透過情報を持てない形式で保存すると不透明になります。透過させたい場合は、GIF または PNG-24 を選択し、「透明部分」を有効にして保存します。

図8-5●2アッププレビュー画面：左側は元画像で格子部分は透明を表し、右側はJPEGでの保存予想で透明部分が白くなっている

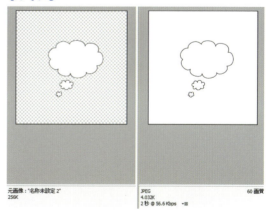

Step 08　ウェブ用の画像出力

PNG-24 を選択し、「透明部分」を有効にします。　元画像の透明部分を保持できます。

図8-6●PNG-24

図8-7●2アッププレビュー画面：左側は元画像、右側は PNG-24での保存予想

演 習

（1）ステップ07の演習（1）で保存したPSDファイルを開き、「Web用に保存」でJPEG形式、画質80を選択して保存しましょう。

Step 09 画像の読み込み

ファイルを開く方法は、一般的な他のソフトと共通しています。このステップではPhotoshopで画像を読み込むいくつかの方法について学習します。

●ファイルを開く

ショートカットキーはCtrl+Oキーです。通常のファイルブラウザーが表示され、PSD形式の他、対応している形式のファイルを開くことができます。

JPEG画像などを開いた場合、レイヤー名が「背景」でロックされた状態になっています。

図9-1●ロックされた状態

ロックを表す、鍵アイコン

レイヤーをダブルクリックして新規レイヤーとして変換すると、編集できるようになります。

図9-2●新規レイヤー

●ダブルクリックで開く

拡張子「.psd」のファイルは通常、Photoshopに関連付けされています。ダブルクリックするとソフトが起動し、ファイルを開くことができます。

図9-3●PSDファイル

● ドラッグ&ドロップで開く

　JPEG 画像などを編集中のカンバス上（ドラッグ時に表示される枠内）にドロップすると、そのファイルのレイヤーとして読み込まれます。

図9-4● カンバス上にドロップ

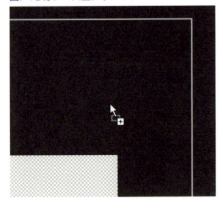

　初期設定ではスマートオブジェクト（詳細はステップ 16 を参照）として読み込まれます。オプションバーの○をクリックするか、Enter キーで読み込みを決定します。Esc キーでキャンセルすると読み込みを中止します。

> ※上部メニュー「編集」→「環境設定」→「一般」の「オプション」→「ラスター画像をスマートオブジェクトとして配置またはドラッグ」を無効にすると、通常の画像として読み込まれます。
> ※他の位置にドロップすると、独立したファイルとして読み込まれます。
> ※複数のファイルを同時に読み込むこともできます。Ctrl または Shift キーを押しながら複数のファイルを選択し、Photoshop 上にドロップします。

　大量のファイルや重いファイルを読み込んだ場合、メモリ不足で動作が遅くなる可能性があります。

● 配置

　上部メニュー「ファイル」→「配置」で開いた画像を、スマートオブジェクトとして読み込みます。上部メニュー「編集」→「環境設定」→「一般」の「画像をサイズ変更して配置」を有効にすると、配置した際にカンバスサイズより画像が大きい場合は自動で縮小されます。

図9-5●「配置」で読み込む

● クリップボードの画像を開く

　キャプチャソフトなどでクリップボードに画像を送った場合、上部メニュー「ファイル」→「新規」で設定画面を開くと、プリセットが「クリップボード」になり自動でサイズが設定されます。「OK」で新規ファイルを作成した後、Ctrl+V キーでペーストします。

図9-6●「クリップボード」になっている新規画像

演 習

（1）Photoshop を一旦終了させた後、ステップ 07 の演習（1）で保存した PSD ファイルをダブルクリックで開いてみましょう。
（2）ステップ 08 の演習（1）で保存した JPEG 画像を読み込みましょう。

選択範囲を作成

選択はPhotoshopで基本となる操作の1つで、効率よく作業を行うための重要な操作でもあります。このステップでは選択の基本と、使用するツールの種類について学習します。

● 選択状態とは

選択された箇所は点線で表示され、編集の対象領域が限定されます。選択範囲を作成しておくと、範囲外に影響を与えず編集を加えることができます。

図10-1 ● 選択状態

● 選択関連のショートカットキー

上部メニュー「選択範囲」から様々な選択関連の機能を使用できます。以下は一部のショートカットキーです。

- 全選択：Ctrl+A キー
- 選択解除：Ctrl+D キー
- 選択範囲を反転：Shift+Ctrl+I キー
- 選択時の点線の表示／非表示：Ctrl+H キー
- 選択範囲を追加：Shift+ クリック
- 選択範囲を減らす：Alt+ クリック

● 選択関連のツール

選択したい部分に応じて使い分けると効率よく選択できます。

図10-3 ● 長方形選択ツールによる選択範囲

長方形選択ツール、楕円形選択ツール（M キー）

ドラッグや数値指定したサイズの円や四角で選択します。

図10-2 ● 長方形選択ツール、楕円形選択ツール

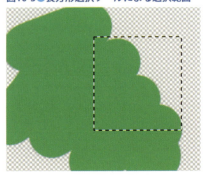

34

クイック選択ツール、自動選択ツール（Wキー）

クリック箇所の色に応じて選択します。他の部分との色の差がある場合に有効です。

図10-4●クイック選択ツール、自動選択ツール

選択箇所の色が単純な場合、少ないクリックで選択できます。

図10-5●選択箇所の色が単純な場合

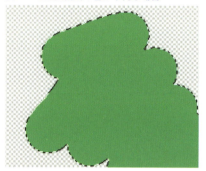

なげなわツール、多角形選択ツール、マグネット選択ツール（Lキー）

クリックやドラッグで細かな範囲を指定するのに向いています。

図10-6●なげなわツール、多角形選択ツール、マグネット選択ツール

マグネット選択ツールは自動的に似た色の輪郭に吸着します。

図10-7●マグネット選択ツールによる選択

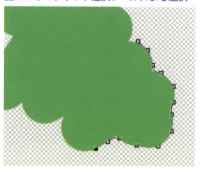

レイヤーの不透明部分を選択

機能名は「選択範囲を読み込む」です。上部メニュー「選択範囲」から実行できますが、レイヤーパネルのサムネイルをCtrl+クリックすると素早く実行できます。

図10-8●選択範囲を読み込む

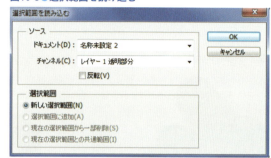

サムネイルには現在の描画部分が表示されます。

図10-9●サムネイル

Step 10　選択範囲を作成

● 選択範囲をぼかす

通常、選択範囲の境界はシャープな形状になりますが、オプションバーの「ぼかし」で数値を指定してから選択し、削除したり色を塗ると境界が滑らかに広がる効果を得られます。

長方形選択ツールで「ぼかし:10px」を指定し、範囲を指定します。

図10-10●ぼかし：10px

Delete キーで削除すると縁にぼかしが掛かります。

図10-11●縁にぼかしが掛かる

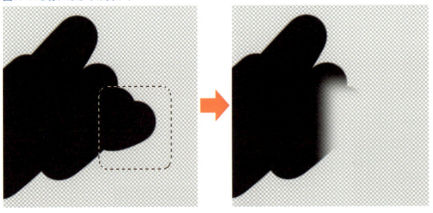

演 習

（1）縦 100px、横 100px の四角形でできた選択範囲を作成してみましょう。
（2）ステップ 08 の演習（1）で保存した JPEG 画像を開き、りんごの部分のみ選択してみましょう。

Step 11 描画領域を限定する

描画ツールで編集していると、思わぬ場所まで塗ってしまったり、消してしまうことがあります。それらを防ぐいくつかの機能を知っておくと作業が思い通りに進むようになります。

● 選択範囲を作成

ステップ10の選択範囲を作成する方法です。矩形による選択やベースが単純な色の場合は作成が容易ですが、複雑な形状や色数が多い場合は選択の手間が掛かります。

図11-1●矩形による選択

● 透明部分をロック

レイヤーの透明部分をロックすると、既に描画されている部分のみが編集対象となり、色を塗ってもはみ出すこともなく手軽に重ね塗りが可能です。

レイヤーパネル「透明ピクセルをロック」をクリックすると、レイヤーに鍵アイコンが付きます。

図11-2●透明ピクセルをロック

鍵アイコン

ハード円ブラシで塗った後、透明部分をロックするとソフト円ブラシで濃い色を重ね塗りするのも簡単です。

図11-3●濃い色を重ね塗り

透明部分がロックされているため、濃い色で重ね塗りして透明部分にブラシが出ても色は塗られない

● レイヤーマスク

　白と黒でマスクを作成し、表示部分を調整できる機能です。表示部分は白、非表示部分は黒で、いつでもブラシなどで再編集できるので消しゴムツールで直接消すより安全です。レイヤーの他、グループにも追加できます。

　レイヤーパネルの「ベクトルマスクを追加」をクリックすると、レイヤーマスクが追加されます。

図11-4●ベクトルマスクを追加

図11-5●マスクされて非表示になる

　レイヤーマスクサムネイルをクリックして黒で塗ると、塗った部分の画像がマスクされて非表示になります。

● クリッピングマスク

　レイヤーをベースとなるレイヤーに結び付ける機能です。ベースレイヤーの不透明部分に該当する部分のみ表示され、なおかつベースに直接変更を加えないので修正も容易で、画像や色を重ねていく時に有効です。

　編集が完了したら、Ctrl+E キーで下のレイヤーに結合もできます。

　新規レイヤーを作成し、レイヤーを右クリック→「クリッピングマスクを作成」を選択（または Ctrl+Alt+G キー）します。

図11-6●クリッピングマスクを作成

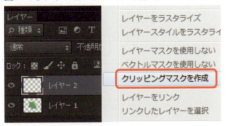

　ベースのレイヤーにマスクされ、全体を塗りつぶしてもベースのレイヤーの不透明部分のみが表示されます。

図11-7●不透明部分のみを表示

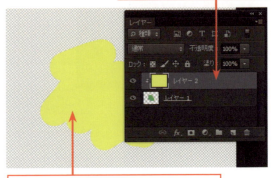

演 習

（1）ステップ 07 の演習（1）で描いた PSD ファイルを開き、各描画部分にブラシツールで濃い色をはみ出さずに塗り、以下のように陰影を付けてみましょう。
作業後は PSD ファイルを上書き保存し、JPEG 画像として出力しておきます。

図11-8● 陰影を付けた描画

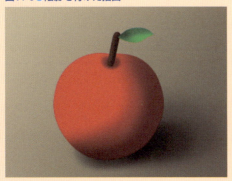

パターン画像を並べる

小さな画像を複製して並べるのは手間が掛かります。このステップでは塗りつぶしツールを使用し、簡単にパターン画像を並べる方法を学習します。

● 塗りつぶしツール

ショートカットキーはＧキーです。選択中のレイヤーを塗りつぶす機能で、単色を塗るだけでなく、パターン画像を手軽に敷き詰める用途にも使用できます。カンバスをクリックすると選択中の色やパターンで塗りつぶされます。

図12-1●塗りつぶしツール

オプションバーで「パターン」を選択します。

図12-2●パターン

現在のパターンサムネイルをクリックすると、プリセットピッカーが展開されます。歯車アイコンから他のプリセットも選択できます。

図12-3●プリセットピッカー

プリセット「自然」→「草」を選択し、塗りつぶした例です。

図12-4●「草」で塗りつぶした例

40

● パターン画像の定義

現在のレイヤーを選択し、画像のサイズを調整後、さらに選択範囲を作成して定義します。

パターンにしたい選択範囲を作成します。

図12-5●選択範囲

上部メニュー「編集」→「パターンを定義」を選択します。

図12-6●パターンを定義

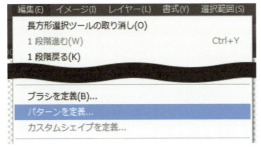

パターン名を設定します。

図12-7●パターン名

プリセットピッカーにパターンが追加されます。

図12-8●追加されたパターン

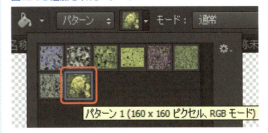

● パターン画像の保存と実行

ステップ05のブラシの保存と同じで、ファイルとして保存しない限りプリセットを他のプリセットで置き換えると消えてしまうので注意が必要です。

歯車アイコンから「パターンを保存」を選択し保存できます。

図12-9●パターンを保存

Step 12　パターン画像を並べる　41

塗りつぶしを実行すると、選択パターンで塗りつぶされます。

図12-10●選択パターンで塗りつぶし

> **演 習**
>
> （1）任意の画像からパターンを作成し、プリセットに登録しましょう。
> （2）プリセットマネージャーを用いて、登録したパターンのみが含まれるパターンファイルとして保存しましょう。

Step 13 フィルターで画像加工

フィルターは画像に様々な効果を掛けて見た目を変化させる機能です。単体でも使えますが、うまく組み合わせると面白い効果を作り出すこともできます。

● フィルターの基本的な使い方

上部メニュー「フィルター」から多くのフィルターを使用できます。下部にあるメニュー群内にはそれぞれのタイプのフィルターがあり、フィルターギャラリーでは大きなプレビュー画面で効果を試すことができます。

図13-1●フィルター

通常は現在のレイヤーのみに適用されますが、選択範囲を作成しておくと、その中にのみフィルター効果を掛けることができます。

図13-2●ぼかし（ガウス）フィルターのプレビュー中、選択範囲のみに効果が適用されている

また、Ctrl+F キーで直前に使用したフィルターを再実行でき、重ね掛けで効果を強められます。

● 画像からテクスチャを作成

何度も様々なフィルターを適用していくと、元の画像からは想像できないような模様になります。作成したテクスチャは単体で使用する他、別の画像に重ねて使用するなどの活用ができます。

図13-3●元画像

「ピクセレート」→「カラーハーフトーン」フィルターの設定ダイアログで半径と角度を指定します。

図13-4●カラーハーフトーン

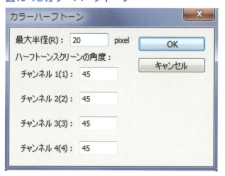

実行後、ドット模様になります。

図13-5●カラーハーフトーンの実行後

次に「変形」→「波形」フィルターの設定ダイアログで波の強さなどをカスタマイズします。

図13-6●波形

画像にうねりが加わり、テクスチャの完成です。

図13-7●波形の実行後

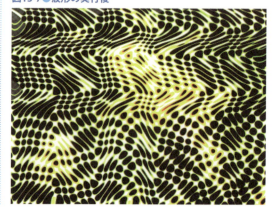

●星空のエフェクトを作成

「雲模様1」フィルターから生成された画像に処理を重ねていきます。雲模様は様々なテクスチャを作成する時も最初のベースとなるので、汎用性の高い描画系フィルターです。

描画色、背景色を白と黒にセット（Dキー）します。

図13-8●白と黒にセット

「フィルター」→「描画」→「雲模様1」を実行します。

図13-9●雲模様1の実行後

「フィルター」→「ノイズ」→「ノイズを加える」でノイズ加工します。

図13-10●ノイズを加える

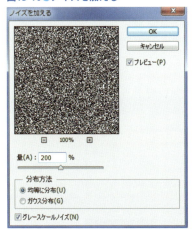

「フィルター」→「ぼかし」→「ぼかし（ガウス）」でノイズを少しぼかします。

図13-11●ぼかし（ガウス）

「イメージ」→「色調補正」→「レベル補正」（Ctrl+L キー）で黒を強めて白い点を浮かび上がらせます。

図13-12●レベル補正

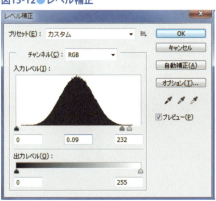

無数の星の完成です。

図13-13●無数の星

レイヤーの描画モードを「スクリーン」にして、他の画像レイヤーに重ねると白い部分のみが表示され、星空らしくなります。

図13-14●星空

> **演 習**
>
> （1）星空のエフェクトを応用し、雪のエフェクトを作成してみましょう。

Step 14 画像の色を変える

目的に応じて編集できる色を制限してファイルサイズを抑えたり、色を変えて違った風合いを出す機能や方法について学習します。

● カラーモードを変える

上部メニュー「イメージ」→「モード」から変更できます。新規画像作成時にも選択できる項目で、初期設定はRGBカラーです。色を限定することでファイルサイズが軽くなりますが、そのモードでサポートされない他の色は破棄され、RGBカラーなどに変更しない限り他の色で着色することもできなくなります。

図14-1●モード内の項目

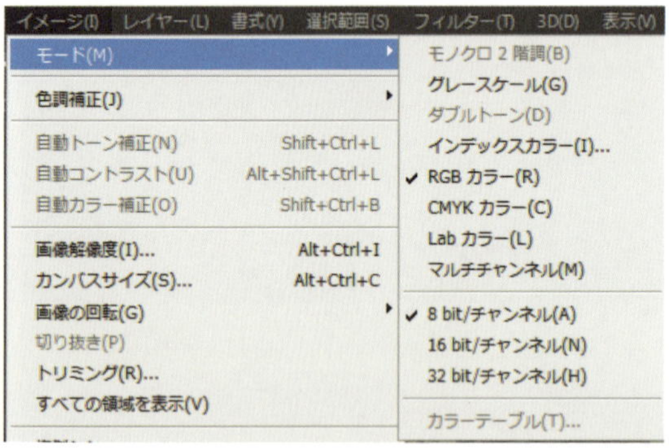

モノクロ2階調

中間調のない白と黒のみで表現された画像になります。グレースケール時に選択可能です。

図14-2●モノクロ2階調

グレースケール

白と黒のモノクロ画像になります。色相は破棄されます。

図14-3●グレースケール

ダブルトーン

グレースケールに追加のカラーを付加したモードで、多数のプリセットから選択すると設定が簡単です。グレースケール時に選択可能です。

図14-4●ダブルトーン

インデックスカラー

　最大で 256 色までに限定してファイルサイズを抑えます。RGB、グレースケール時に選択可能です。

図14-5●インデックスカラー

● 色相・彩度を変更する

　上部メニュー「イメージ」→「色調補正」内にあります。手軽に色味に関する設定ができる機能の 1 つで、ショートカットキーは Ctrl+U キーです。元画像のどの色味に対して変化を加えるかを選択できる他、選択範囲を作成しておくとその領域のみに適用されます。

図14-6●「色相・彩度」の設定ダイアログ

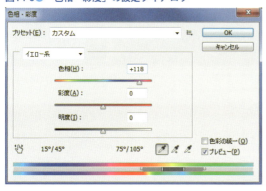

図14-7●イエロー系の色相をずらす（色相：+118）

（a）元画像

（b）変更後

● べた塗りレイヤーで色調変化

1色で塗りつぶしたレイヤーを描画モードや不透明度を変えて下の画像に重ねるだけでも、全体に統一感のある色調編集ができます。異なる色のレイヤーを複数重ねると複雑な効果をもたらします。

- レイヤー2：薄いピンク、描画モードはオーバーレイ、不透明度50％
- レイヤー1：暗い青、描画モードは除外、不透明度100％

図14-8●img、レイヤー1/2

図14-9●複数のべた塗りレイヤーを重ねる

(a) 元画像

(b) 結果の画像

演習

(1) ステップ11の演習（1）で保存したJPEG画像を開き、りんごの赤い部分のみ色を変えてみましょう。

Step 15 画像の調子を補正

ぼんやりした写真の明暗の補正は基本的でよく使われるので、覚えておきたい技術です。上部メニュー「イメージ」→「色調補正」内の画像補正用項目の中から、比較的使用頻度の高い項目について学習します。

● 明るさ・コントラスト

設定項目は2つのみで、調整できるのは明暗とその度合いのみですが、非常に分かりやすく手軽で簡単なので初心者向けです。「コントラストを強める」とは明るい部分と暗い部分の差を大きくすることです。

図15-1● 「明るさ・コントラスト」の設定ダイアログ

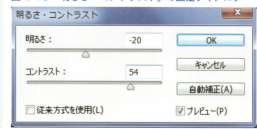

図15-2● 明るさ：-20、コントラスト：54

(a) 元画像

(b) 調整後

● 露光量

　明るさ・コントラストと同じく明暗の調整を行う機能で、カメラの設定感覚で調整できるようになっています。主に露光量で明るい部分、オフセットで暗い部分の調整を行います。

図15-3● 「露光量」の設定ダイアログ

図15-4●露光量：0.05、オフセット：−0.0041、ガンマ：0.83

(a) 元画像

(b) 調整後

● レベル補正

　ショートカットキーは Ctrl+L キーです。全体的な調整の他、RGB それぞれに対しても個別に設定が可能で、色味の調整もできます。スライダーはシャドウ、中間調、ハイライトを示しています。

図15-5 ●「レベル補正」の設定ダイアログ

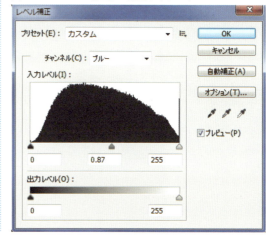

図15-6 ● チャンネルのブルーで青みを下げる設定にしている他、全体的にコントラストを強めている

（a）元画像

（b）調整後

Step 15　画像の調子を補正　51

● トーンカーブ

ショートカットキーは Ctrl+M キーです。レベル補正と同じく、全体の他に RGB ごとの設定ができます。調整グラフの直線上をクリックしてポイントを作り、S 字を描くようにするとコントラストが強くなり、その逆にすると弱くなります。

図15-7● 「トーンカーブ」の設定ダイアログ

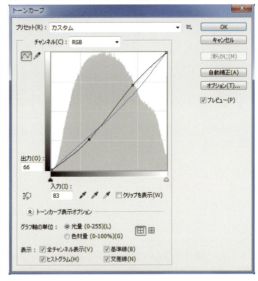

図15-8● 全体的にコントラストを強め、明るい部分での青みを下げている

（a）元画像　　　　　　　　　　　　　　　　　　　　（b）調整後

演習

(1) 任意のスナップ写真データを用意して、コントラストを調整してみましょう。
(2) さらに明るい部分では赤みを強く、青みを弱くして、暗い部分では赤みを弱く、青みを強くしてみましょう。

Step 16 元画像を保持して加工する

ラスター形式の画像は補正や変形を加えるたびに劣化していきます。劣化を防ぐための機能も用意されているので、直接上書きせずに済む方法を優先して使うようにしましょう。

● スマートオブジェクト

元画像を上書きすることなく、拡大縮小などの変形を加える編集ができます。箱の中に元画像であるソースを持っているような状態で、箱に形状編集を加えてもソースは維持されます。

図16-1●スマートオブジェクトのレイヤー

設定する方法

- 上部メニュー「編集」→「環境設定」→「一般」の「ラスター画像をスマートオブジェクトとして配置またはドラッグ」を有効にして、外部からカンバスに画像をドロップ。
- レイヤーまたはグループの右クリックメニューで変換。
- 上部メニュー「ファイル」→「配置」で画像ファイルを開く。

中身を編集するには

スマートオブジェクトレイヤーのサムネイルをダブルクリック、または右クリックメニュー「コンテンツを編集」を選択します。別ファイルで表示されたソースを編集し、保存するとスマートオブジェクトも更新されます。

通常のレイヤーにするには

レイヤーパネルでレイヤーを右クリックし「レイヤーをラスタライズ」を実行します。

クローン化

レイヤーを右クリック→「スマートオブジェクトを複製」で複製すると独立したオブジェクトになります。上部メニュー「レイヤー」→「新規」→「選択範囲をコピーしたレイヤー」(Ctrl+Jキー)で複製すると、複製元のソースへの編集が同じように適用されます。

図16-2●スマートオブジェクトのクローン化

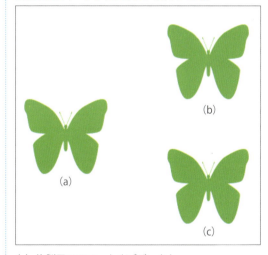

(a) 複製元のスマートオブジェクト
(b)「スマートオブジェクトを複製」で複製
(c)「選択範囲をコピーしたレイヤー」で複製

複製元（図 16-2（a））のスマートオブジェクトの色を変えて保存します。すると、「選択範囲をコピーしたレイヤー」（図 16-2（c））にも変更が適用されています。

図16-3●複製元の色を変更

図16-4●「選択範囲をコピーしたレイヤー」も色が変わる

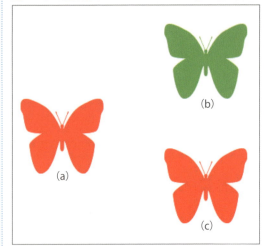

● スマートフィルター

　スマートオブジェクトに対して設定でき、通常のフィルターと同じ方法で付加できます。元画像を変更せず、表示／非表示の切り替えや設定変更もでき便利です。

図16-5●スマートフィルターを付加したスマートオブジェクト

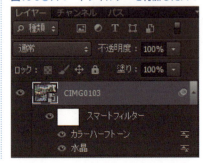

● 調整レイヤー

　上部メニュー「レイヤー」→「新規調整レイヤー」またはレイヤーパネル下部のアイコンから作成します。

　上部メニュー「イメージ」→「色調補正」に多くの項目が揃っており、通常のレイヤー同様に独立して存在でき、元画像を変更せず色調補正ができます。属性パネルでいつでも設定変更が可能です。

　下のレイヤー全てに影響するので、必要に応じてクリッピングマスク化すると影響レイヤーを限定できます。

図16-6●レイヤーパネルの調整レイヤー作成アイコン

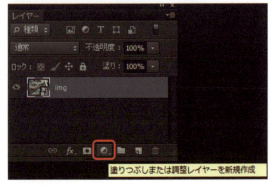

図16-7●調整レイヤー一覧

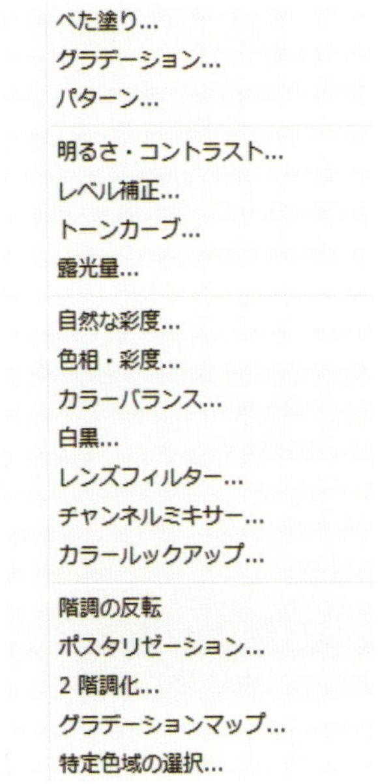

べた塗り...
グラデーション...
パターン...
明るさ・コントラスト...
レベル補正...
トーンカーブ...
露光量...
自然な彩度...
色相・彩度...
カラーバランス...
白黒...
レンズフィルター...
チャンネルミキサー...
カラールックアップ...
階調の反転
ポスタリゼーション...
2 階調化...
グラデーションマップ...
特定色域の選択...

図16-8●「トーンカーブ」使用時の属性パネル

属性
トーンカーブ
プリセット：
カスタム
RGB
自動補正

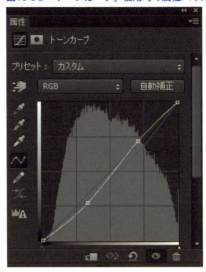

演習

(1) ステップ 11 の演習（1）で保存した JPEG 画像をスマートオブジェクトとして読み込みましょう。

(2) さらにスマートフィルターを付加してみましょう。

Step 17 カンバスサイズの調整

画像編集ではカンバスを画像サイズに合わせたり、必要部分を切り抜きたい場合もあります。このステップではカンバスサイズを変更する様々な方法について学習します。

● カンバスサイズ

上部メニュー「イメージ」→「カンバスサイズ」（Alt+Ctrl+C キー）では元の画像のサイズはそのままでカンバスのみサイズが変更されます。

800 × 600px のカンバスサイズの画像を、400 × 300px に変更します。

図17-1● 800×600pxのカンバスサイズの画像

図17-2●「カンバスサイズ」の設定ダイアログ

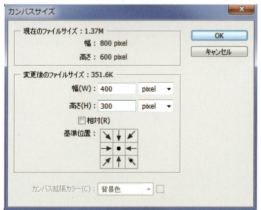

現在より小さいサイズを指定すると、警告のダイアログが表示されます。

図17-3● 警告のダイアログ

画像のサイズは変わらず、カンバスが小さくなります。

図17-4● 変更されたカンバスサイズ

● 画面解像度

上部メニュー「イメージ」→「画面解像度」（Alt+Ctrl+I キー）は、画像そのもののサイズが変更されます。

サイズ指定で例として 50 パーセントを指定すると、半分に縮小した画像になります。

図17-5●「画像解像度」の設定ダイアログ

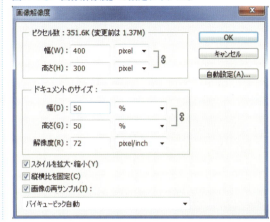

● 切り抜きツール（C キー）

必要部分を切り抜きたい時、ドラッグで切り抜く範囲を直感的に範囲指定できるので手軽で簡単です。

図17-6●切り抜きツール

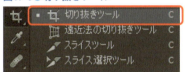

ドラッグで範囲を指定します。範囲は指定後もドラッグで変更可能です。

図17-7●ドラッグで範囲指定

範囲指定後、範囲外は暗い灰色になります。画像側を回転、移動させて位置を調整可能です。

図17-8●範囲指定された部分

Enter キーで決定するとカンバスが切り抜かれます。

図17-9●切り抜かれた画像

Step 17　カンバスサイズの調整　57

● 切り抜き

選択範囲を反映したサイズに切り抜きたい時に使用します。
切り抜く範囲を作成しておきます。

図17-10●範囲選択

図17-11●切り抜き

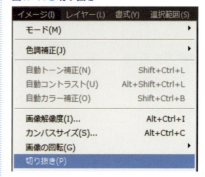

上部メニュー「イメージ」→「切り抜き」を選択します。

選択部分が切り抜かれます。

図17-12●切り抜かれた画像

● トリミング

指定ピクセルに該当しない部分を残して切り抜きます。切り抜きたい部分以外が透明や単色の画像で使用すると便利です。

上部メニュー「イメージ」→「トリミング」を選択します。

図17-13●トリミング

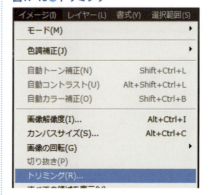

「トリミング対象カラー」で「透明ピクセル」を指定します。

図17-14●「トリミング」の設定ダイアログ

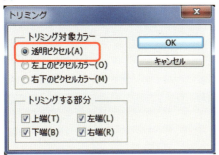

透明ではない部分の周囲が切り落とされます。

図17-15●トリミングされた画像

演習

(1) ステップ 11 の演習（1）で保存した JPEG 画像を開き、りんごの部分のみ切り抜いてみましょう。

Step 18 オブジェクトの変形

レイヤーの不透明部分でできた部分は「オブジェクト」と呼ばれ、移動や変形を行うことができます。このステップではカンバス上で直接行うことができる変形方法について学習します。

● 基本的な変形

　Ctrl+T キーで現在の不透明部分の周囲にバウンディングボックスが表示され、ハンドルとなる四角部分をドラッグして形状を編集できます。中央には変形の基準点があり、拡大や回転の中心になります。

図18-1●バウンディングボックス

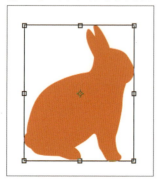

　編集中に右クリックすると変形モードの選択ができます。ハンドルをどの方向に動かせるかは、選択したモードによって異なります。

図18-2●右クリックメニューから選択できるモード

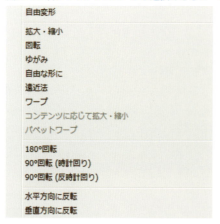

　最も自由度の高いモードは「自由な形に」で、ハンドルをどの方向にも動かすことができます。

図18-3●「自由な形に」で変形

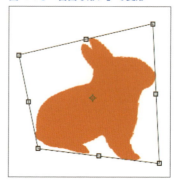

　複数のレイヤーを変形するには、レイヤーパネルで複数のレイヤーを選択します（ステップ04 を参照）。
　オプションバーの○をクリックするか、Enter キーを押して決定できます。オプションバーの×をクリックするか、Esc キーでキャンセルできます。

● 拡張キーで変形を固定

　各拡張キーを押しながらドラッグすると、位置の固定などができます。挙動はモードによって異なります。2つの拡張キーを同時に押しながら操作することもできます。

- Shift：拡大時は縦横比、回転時は角度を15度単位に固定
- Alt：常に基準点を中心にして変形
- Ctrl：ドラッグしたハンドルを一時的に自由変形

● ワープ

　格子が表示され、四隅のハンドルには方向線がありそれぞれを動かして変形できる他、内部の格子をドラッグして動かし、大きな形状変化を行うことができます。

　ドラッグで様々な方向に変形できるので、単純なハンドル変形より複雑な形状にすることができます。

図18-4●ワープの格子

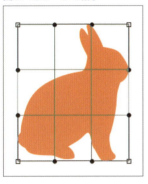

図18-5●ワープの格子をドロップ

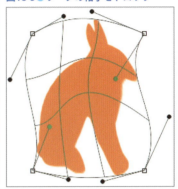

● パペットワープ

　ピンを打った部分を回転させて変形させる機能で、オブジェクトに関節を与えて人形のように動かせるのが特徴です。上部メニュー「編集」→「パペットワープ」を選択して実行します。

　ポイントとなる部分をクリックしてピンを打ちます。

　ピンをドラッグすると回転します。1つのピンを回転させると周囲の部位も連動して滑らかに変形できます。

図18-6●ピン

図18-7●ピンをドラッグ

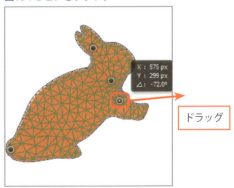

● 変形による劣化を防ぐには

　通常の写真画像など、ラスター形式画像を変形すると少なからず劣化するので、何度も繰り返して変形する可能性がある場合は、スマートオブジェクトに変換してから行うと劣化を防げ

ます（ステップ 16 参照）。
　後述のパスで構成されたシェイプはベクター形式なので、変形によって劣化することはありません。

演 習

（1）ステップ 11 の演習（1）で保存した JPEG 画像を開き、垂直方向に反転させてみましょう。

Step 19 オブジェクトの移動と複製

移動ツールはPhotoshopで多用するツールの1つです。複製や整列なども行えるので、基本的な使用方法の他にオプションや拡張キーも覚えておくと作業を効率よく進められます。

● 移動

ショートカットキーはVキーです。移動させたいオブジェクトがあるレイヤーを選択し、ドラッグで位置を移動させます。

移動中は移動したピクセル数が表示されます。

図19-1●移動中

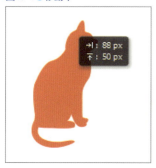

オプションバーの「自動選択」を有効にしておくと、クリック時にマウスカーソル下のピクセルから自動でレイヤーを選択できるようになります。

図19-2●自動選択

以下の拡張キーも便利です。

- Shift キー：最初に移動させた方向（上下または左右）に固定
- Ctrl キー：スナップを一時的に無効
- Alt+右クリック：マウスカーソル下のオブジェクトがあるレイヤーを選択

● 複製

通常、複製はレイヤーパネルでレイヤーを選択し右クリックメニューから「レイヤーを複製」を選択するか、「新規レイヤーを作成」アイコンにドロップする方法で行いますが、移動ツール時は拡張キーを使用して複製できます。

オブジェクト上でAltキーを押すと、マウスカーソルが変化します。

図19-3●マウスカーソルが変わる

そのままドラッグすると、オブジェクトが複製されます。

図19-4●複製される

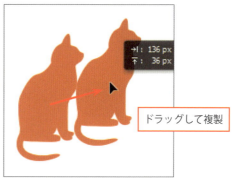

ドラッグして複製

● 整列

　オプションには整列コマンドがあり、2つ以上のレイヤーを選択した状態で使用でき、簡単に位置を揃えることができます。

図19-5●整列コマンドのアイコン

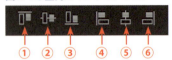

①上端揃え　　②垂直方向水平揃え　　③下端揃え
④左端揃え　　⑤水平方向中央揃え　　⑥右端揃え

　それぞれ位置の異なるオブジェクトのレイヤーを選択します。

図19-6●オブジェクトを選択

　「垂直方向水平揃え」をクリックすると、水平線上に整列されます。

図19-7●垂直方向水平揃え

● 分布

　3つ以上のレイヤーを選択した状態で使用できます。各レイヤーの下端や左端などのピクセルを基準にして等間隔に並べます。

図19-8●分布

①上端を分布　　②垂直方向中央を分布　　③下端を分布
④左端を分布　　⑤水平方向中央を分布　　⑥右端を分布

　位置や間隔が不揃いのオブジェクトを選択します。

図19-9●オブジェクトを選択

「垂直方向水平揃え」をクリックすると、水平線上に整列されます。

図19-10●垂直方向水平揃え

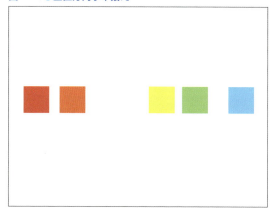

　その後、「左端を分布」などをクリックすると、オブジェクトが等間隔に並びます。

図19-11●左端を分布

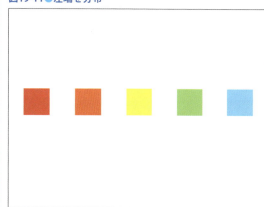

> 演 習
>
> （1）移動ツールを用いてレイヤーを複製してみましょう。

Step 20 不要な部分を除去

写真に写り込んだ不要な部分を消すのもPhotoshopの得意とするレタッチ機能の1つで、便利で役立つツールが用意されています。

● コピースタンプツール

ショートカットキーはSキーです。画像を別の部分にコピーしたり、コピー元を利用して不要な部分を消したりできるツールで、描画はブラシツールと同じ方法で行います。

図20-1●コピースタンプツール

最初にAlt+クリックでコピー元となるサンプル地点を設定します。オプションの「調整あり」が有効なら、ドラッグを中断しても同じサンプル位置を保持しているので続けて作業ができます。

図20-2●加工する前の画像

塗りつぶしに使いたい部分をサンプル後、消したい部分をドラッグしていきます。

図20-3●消したい部分をドラッグ

塗りつぶしに使いたい色をクリックして、サンプルする

消したい部分をドラッグする

消したい部分の面積が広い場合、一度に消そうとせず何度かサンプリングしながらドラッグで上書きしていきます。

図20-4●サンプリングとドラッグを繰り返して消す

一通り消し終わった状態です。陰影の違和感が多少残っています。

図20-5●全てを消す

消し終わったが、陰影の違和感が多少残っている

● 修復ブラシツール

ショートカットキーはJキーです。ドラッグした部分と周囲の色をなじませて自然に見せることができます。使い方はコピースタンプツールと同じで、Alt+クリックでサンプル地点を設定しながらなじませたい部分をドラッグします。

図20-6●修復ブラシツール

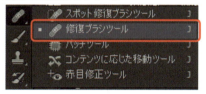

十字のポイントはサンプル地点で、灰色の濃い部分はドラッグ中に反映されているサンプル地点の色です。

図20-7●修復中①

サンプル地点　ドラッグして修復

ドラッグ後、自動で周囲と混合されます。何度もサンプリングとドラッグを繰り返してなじませていきます。

図20-8●修復中②

完了後です。さらに滑らかに見せたい場合はぼかしツールなどを使用すると効果的です。

図20-9●修復完了

Step 20　不要な部分を除去　**67**

● スポット修復ブラシツール

　ショートカットキーはJキーです。修復ブラシツールと似ており、画像の小さな汚れ部分を除去するのに向いています。サンプル地点を設定する必要がなく、描画時に周辺から自動でサンプリングされるのが特徴です。

図20-10●スポット修復ブラシツール

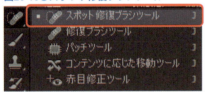

矢印部分の小さな不要部分を除去します。

図20-11●元画像

　除去したい部分を隠すようにドラッグします。除去部分より少し大きめのブラシサイズにすると簡単です。

図20-12●除去したい部分をドラッグ

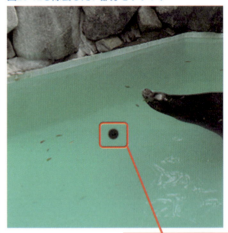

　周囲の色によって不要部分が覆い隠されます。

図20-13●除去完了

● パッチツール

ショートカットキーはJキーです。選択範囲に他の部分を適用して不要部分を除去したり、または他の部分に複製できる機能です。どちらの挙動にするかはオプションバーで選択します。

図20-14●パッチツール

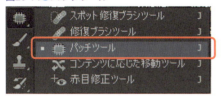

ドラッグで範囲を指定します。

図20-15●範囲指定

オプションで「ソース」を選択した場合、選択範囲を外部にドラッグすると、マウスカーソルの位置にあるピクセルが選択範囲内に表示されます。ドラッグを停止すると決定します。

図20-16●オプション

ドラッグで除去に使いたい地点まで選択範囲を移動させます。

図20-17●ドラッグ

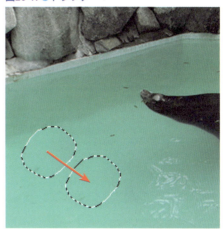

決定した地点の画像によって、選択範囲が覆い隠され自動で周囲となじみます。

図20-18●修復完了

オプションで「複製先」を選択した場合、選択範囲がドラッグ先に複製されます。

図20-19●「複製先」によるパッチツール

複製される

演習

（1）任意のスナップ写真などを用意して、不要な部分を除去してみましょう。

Step 21 複数画像の合成

複数の画像を合成して1つの画像として完成させる手法は非常によく使われています。このステップでは簡易的な合成方法を学習します。

● 合成前の準備

素材となる画像ファイルを開きます。ここでは曇り空の画像に青空の画像を合成します。

図21-1●素材画像

任意の設定内容で作業用のファイルを作成します。

図21-2●作業用ファイルの作成

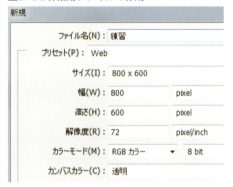

誤って上書きしないように、素材となる画像のレイヤーを右クリック→「レイヤーを複製」を選択し、保存先に作業用ファイルを指定して複製します。

図21-3●レイヤーを複製

青空レイヤーが一番上になるようにします。

図21-4●青空レイヤーを一番上に

Step 21　複数画像の合成　**71**

● サイズと位置調整

　それぞれの画像を適切な位置に移動させて、違和感なく合成できるようにします。

　素材画像のサイズが大きい場合は、Ctrl+T キーで適切なサイズに縮小します。

図21-5●素材画像のサイズ調整

　移動ツール（V キー）で青空画像の位置を合わせます。

図21-6●青空画像の位置調整

● 描画モードの変更

　レイヤーは描画モードを変えると重ねた時の印象が変わったりします。何度でもやり直しできるので、どのような効果が得られるか試すことができます。

　青空レイヤーを選択し、描画モードを「比較（暗）」にします。

図21-7●描画モードの調整

「比較（暗）」は、選択レイヤーと下のレイヤーを重ねた時に暗い方が手前に表示されます。青空の色よりも木々の色の方が濃いので、白い空に青空を重ねつつ木々を青空より手前に表示させることができます。

図21-8●合成後の画像

木々レイヤーの白い空に対して、青空レイヤーが手前に重ねられて表示される

木々レイヤーの木々の部分は、青空レイヤーより手前に重ねられて表示される

●合成の注意

違和感なく合成するには様々な調整や熟練が必要ですが、以下のような基本的な注意点もあります。

- 背景写真と人物写真を合成する場合などは、光源を意識する必要があります。光の当たる方向が揃わないと不自然な画像になります。
- オブジェクトの反転を行い光源の方向を変えることもできますが、画像が逆になることで不都合が生じる場合もあります。
- 素材画像を使用する場合は、画像の使用条件を必ず確認しましょう。無断で使用して公開すると、著作権の侵害になります。

演習

（1）任意の2枚の写真画像を用いて合成してみましょう。

パスの描画

パスはベジェ曲線とも呼ばれ、描画後の形状修正もでき、描画部分や選択範囲として使える自由度の高い機能です。このステップでは基本的なペンツールの使用方法とパスについて学習します。

●基本的な描画

ペンツール（Pキー）でカンバス上をクリックすると、点（アンカーポイント）ができます。クリックを連続させるとポイントが線（セグメント）で結ばれていきます。

直線セグメントはクリックのみで描画できます。

図22-1●直線セグメント

ポイント作成時、そのままドラッグすると方向線が伸び、セグメントが曲線になります。

図22-2●直線セグメントを曲線に

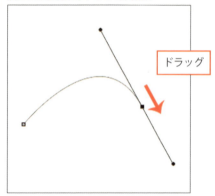

いずれも描画後はCtrlキーを押しながらクリックしドラッグするか、パス選択ツール（Aキー）でポイントなどの位置を調整できます。制御しやすいように、アンカーポイントの数は必要最低限に抑えるようにしましょう。

描画されたパスは、削除しない限り作業用パスとして保持されています。パスが見えなくなった場合、パスパネルから選択すると再表示されます。

図22-3●作業用パス

● 様々なセグメントの描画

　直線と曲線を駆使すると、あらゆる形状を描画することができます。

S字の曲線セグメント

　最初のアンカーポイントと、次のアンカーポイント描画時、同じ方向にドラッグして方向線を出します。

図22-4●方向線

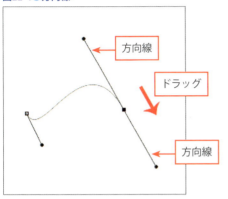

連結された2つの曲線

　方向線を出した後、進行方向の方向線をAlt+逆方向にドラッグして折り曲げます。

図22-5●方向線の修正

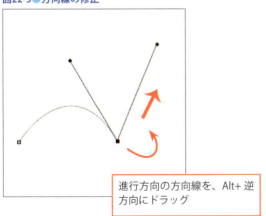

　その後ドラッグで曲線セグメントを描画します。

図22-6●曲線セグメントを描画

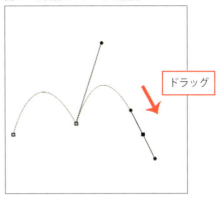

曲線から直線を描画

　曲線セグメント描画後、最後のアンカーポイントをAltキーを押しながらクリックして次のセグメントに切り替えます。

図22-7●セグメントの切り替え

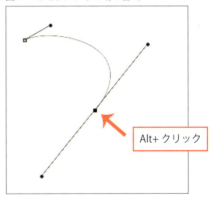

　任意の場所をクリックすると直線セグメントが描画されます。

図22-8●直線セグメントの追加

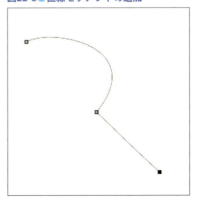

Step 22　パスの描画　**75**

● 描画の終了

描画されたパスは、終了方法によって以下のどちらかになります。

オープンパス

最初のアンカーポイントをクリックせず、Ctrlキーを押したまま空白域をクリックすると、閉じないパスになります。

図22-9●オープンパス

クローズパス

最後に最初のアンカーポイントをクリックすると閉じたパスになります。

図22-10●クローズパス

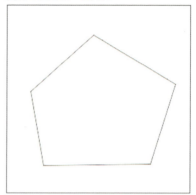

● パスの活用

オプションバーからパスを他の形式に変換できます。

図22-11●パスのオプション

選択範囲（Shift+Ctrl+Enter キー）

パスパネルのサムネイルを Ctrl+ クリックしても可能です。

図22-12●選択範囲

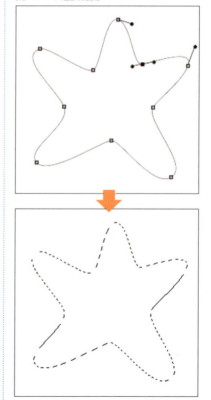

マスク

現在選択されているレイヤーの「レイヤーマスク」になります。

図22-13●レイヤーマスク

画像が、レイヤーマスクによってマスキングされます。

図22-14●マスキング

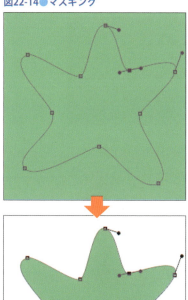

シェイプ

シェイプツール（Uキー）で設定されている塗りと、ストロークが適用されたシェイプオブジェクトになります。

図22-15●シェイプオブジェクト

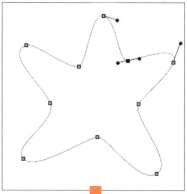

演習

(1) ペンツールで円を描いてみましょう。
(2) ペンツールでハートを描き、シェイプオブジェクトに変換してみましょう。

Step 22 パスの描画

Step 23 簡単な図形の描画

パスでできた図形はペンツールで描画する以外にも、基本的なプリセットを用いて簡単に描画する機能を利用する方法もあります。拡大縮小や組み合わせで様々な形状を作成できるので積極的に活用したい機能です。

● シェイプツール

ショートカットキーはUキーです。長方形やラインツールなど、基本的な図形を描画するツールが揃っており、いずれもクリック→ドラッグで位置とサイズを調整して簡単に描画できます。描画時にShift、Alt、Ctrlキーを使用すると縦横比の固定などができます。

図23-1●シェイプ描画ツール

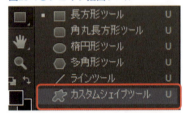

図23-2●カスタムシェイプツールのプリセットピッカー

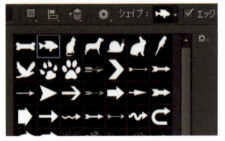

描画された形状はシェイプレイヤーになります。

図23-3●シェイプレイヤー

● 描画のカスタマイズ

オプションバーで色や境界線を設定できる他、描画時に新規レイヤーにするか結合するかなどを設定できます。

塗りとストロークを指定します。

図23-4●塗りとストローク

シェイプツール選択時はいつでも変更できます。

図23-5●「塗り：赤、ストローク：5px／黒」のシェイプ

「パスの操作」で「シェイプが重なる領域を中マド」を選択します。

図23-6●パスの操作

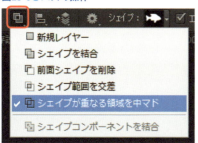

新たに描画されたシェイプと重なる部分がくり抜かれます。

図23-7●シェイプを追加

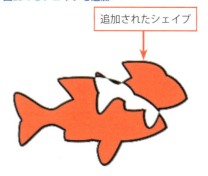

パスのカスタマイズ

シェイプはパスでできているので、カスタムシェイプなどで描画した形状はパスツールで描画したもの同様にポイントや方向線を自由に編集できます。

ベースはカスタムシェイプを利用し、アレンジを加えてオリジナルの形状を作成することができます。

図23-8●プリセット「猫の足跡」で描画したシェイプ

パス選択ツール（Aキー）でアンカーポイントを移動させて形状を変化させます。

図23-9●シェイプの形状を修正

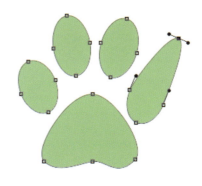

Step 23　簡単な図形の描画　**79**

● 通常のレイヤーにするには

　シェイプはベクター形式のパスでできているので、描画ツールでの編集はできません。ラスター形式に変換すると、ブラシツールや消しゴムツールでの編集ができるようになります。

　レイヤーパネルでシェイプレイヤーを右クリック→「レイヤーをラスタライズ」します。

消しゴムで消せるようになります。

図23-11●ラスター形式に変換し、消しゴムで消す

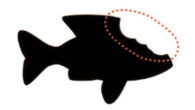

図23-10●レイヤーをラスタライズ

シェイプで右クリック

演習

（1）多角形ツールで以下のような図形を作成しましょう。

図23-12●作成する図形

Step 24 文字の入力と形状編集

文字の入力には「文字ツール」を使用します。文字レイヤーは後で再入力可能で、形状を変化させることもできます。

● 基本的な文字入力

文字ツールのショートカットキーはTキーです。オプションバーや文字パネルでフォントやサイズを指定します。

図24-1●文字ツールのアイコン

図24-2●文字ツールのオプション

図24-3●文字パネル

カンバス上をクリックし、文字を入力します。改行はEnterキーです。

オプションバーの○をクリックするか、Ctrl+Enterキーを押して決定できます。オプションバーの×をクリックするか、Escキーでキャンセルできます。決定後でも文字をクリックすると編集可能になり、ドラッグで選択した部分の色を変えることもできます。

図24-4●入力された文字

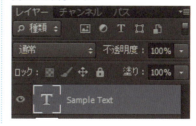

入力した文字は「文字レイヤー」になります。

図24-5●文字レイヤー

● 色を変える

入力中、入力後でも変更可能です。色を選択したら、文字の入力時と同じように変更を確定します。

図24-6●入力した文字をクリックし、ドラッグで選択

図24-7●スウォッチまたはカラーパネルで色を選択

図24-8●文字の色が変化

Sample Text

● 文字の変形

文字には様々な変形を簡単に加えることができます。変更も可能で、取り消すには「ワープテキストを作成」から「なし」を選択します。

オプションバーの「ワープテキストを作成」をクリックします。

図24-9●ワープテキストを作成

図24-10●スタイル

「スタイル」から「旗」をクリックします。

図24-11●プリセット一覧

数値を調整します。

図24-12●「ワープテキスト」で「旗」の設定を調整

「OK」をクリックすると、文字にうねりが加わります。

図24-13●変形された文字

演習

(1) 文字を入力した後、以下のように一部分の色を変えてみましょう。

図24-14●一部の文字色を変更

(2) 以下のようなテキストを作成してみましょう。

図24-15●文字の変形

Step 25 レイヤースタイルで質感を与える

レイヤースタイルはレイヤーの描画部分に様々な効果を付加できる機能で、元画像を直接上書きすることもないのでいつでも変更や消去が可能です。このステップでは使用方法と効果の組み合わせの一例を学習します。

● スタイルパネル

多くのプリセットが用意されており、クリックで現在のレイヤーに付加できます。余白をクリックすると、現在のレイヤーに付加しているスタイルを一覧に追加できます。

図25-1 ● スタイルパネルとメニュー項目の一部

プリセット

余白をクリックすると、現在のスタイルを追加できる

● レイヤースタイルを付加

スタイルパネルのプリセットをクリックして現在のレイヤーに付加する他、レイヤーパネルで対象となるレイヤーをダブルクリックすると、設定画面が表示されます。画面左の項目にチェックを入れると、その効果が有効になります。

図25-2 ● レイヤースタイル

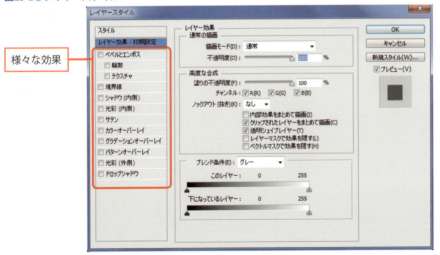

様々な効果

84

「OK」で終了すると、レイヤーにアイコンが表示されます。デフォルトでは効果一覧が展開されており、目アイコンで表示／非表示の切り替えができます。折りたたむにはレイヤー名右のボタンをクリックします。

図25-3● レイヤースタイルが付加されたレイヤー

レイヤースタイルの折りたたみと展開

追加されたレイヤースタイル

目アイコンでレイヤースタイルの表示／非表示を切り替える

● カスタマイズ

レイヤーに付加されたアイコンや効果をダブルクリックすると、設定を変更できます。それぞれの項目をクリックすると設定画面が切り替わり、数値や描画モードを好みに変更できるので、非常に多くの効果を作り出すことができます。

簡単な効果

それぞれの項目には初期設定があり、クリックで有効にするだけである程度の変化が得られます。

「ベベルとエンボス」、「ドロップシャドウ」を有効にすると、手軽に立体感を出せます。

図25-4● 「ベベルとエンボス」、「ドロップシャドウ」を有効

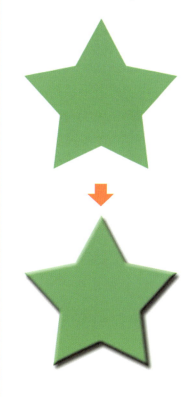

Step 25 レイヤースタイルで質感を与える | **85**

元の描画部分を透明にする

「レイヤー効果：初期設定」では全体の基本的な設定を行います。「高度な合成」→「塗りの不透明度」を0%にすると、元の描画部分は透明になり、レイヤースタイルによる描画で置き換えることができます。

不透明部分が非表示になり、ベベルとエンボス、ドロップシャドウのみになった状態です。

図25-5●塗りの不透明度：0%

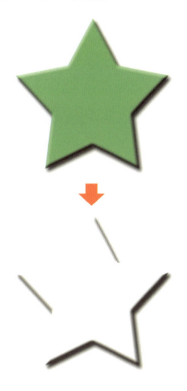

グループにスタイルを付加

レイヤースタイルはグループにも付加できます。グループ内に格納されたレイヤー全てに効果が適用され、簡単に重ね掛けができます。

まず、2つのシェイプにそれぞれ白い境界線のスタイルを付加してみます。

図25-6●2つのシェイプにスタイルを設定

図25-7●スタイルが設定されたシェイプ

2つのシェイプをグループ内に格納し、グループに黒の境界線、ドロップシャドウのスタイルを付加します。

図25-8●グループに格納して、スタイルを付加

全てのレイヤーにグループのレイヤースタイルが追加で適用されます。

図25-9●スタイルが付加されたシェイプ

> **演 習**
>
> （1）以下のような画像を作成しましょう。
>
> **図25-10●作成する画像**
>
>

Step 25　レイヤースタイルで質感を与える　**87**

Step 26 GIFアニメーションを作成

Photoshopではレイヤーを使用して動きのある画像を作成し、GIFアニメーション画像として出力できます。このステップでは簡単なフレームアニメーションの作成方法を学習します。

● ファイルとレイヤーの準備

アニメーション画像は複数の画像を1つに収めたものになるため、重くならないように幅と高さは必要最低限に抑える必要があります。

新規ファイルを作成します。

図26-1●新規ファイル

アニメーションさせたい画像を作成します。

図26-2●作成画像

背景レイヤーの上に動かしたいオブジェクト用のレイヤーを配置します。

図26-3●レイヤー

動かしたいオブジェクトのレイヤー

● フレームの設定

タイムラインパネルを使用します。このパネルでは画像が切り替わるタイミングを設定します。表示されていない時は上部メニュー「ウィンドウ」→「タイムライン」で表示させます。

「ビデオタイムラインを作成」ボタンで設定を開始します。

図26-4●タイムライン

最初はビデオレイヤーの表示になっています。

図26-5●ビデオレイヤー

メニュー「フレームを変換」→「フレームアニメーションに変換」を選択し、フレーム表示に切り替えます。

図26-6●フレームアニメーションに変換

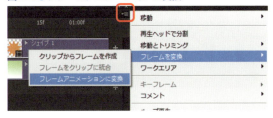

現在の画面がフレーム1として表示されており、1フレームの表示秒数として初期は「5秒」となっているので、クリックして「0.2」を選択します。

図26-7●表示秒数

「選択したフレームを複製」をクリックして、2つのフレームを追加します。

図26-8●選択したフレームを複製

各フレームをクリックして選択し、オブジェクトを移動させます。フレーム1への編集を引き継がないように、フレーム2と3ではレイヤーパネルで「フレーム1を反映」のチェックを外しておきます。

図26-9●「フレーム1を反映」のチェックを外す

フレーム1では左下、フレーム2では中央、フレーム3では右上に移動させています。

図26-10●フレームごとに画像の位置を移動

図26-11●アニメーションを再生

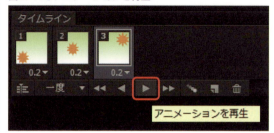

「アニメーションを再生」ボタンをクリックすると、カンバス上でアニメーションをプレビューできます。

●トゥイーンで補間

　フレームが多いほど動きは滑らかになります。「トゥイーン」は、フレーム間の変化を細分化して滑らかに見せるための追加フレームを自動で作成できる機能です。
　フレーム2を選択し、「アニメーションフレームをトゥイーン」をクリックします。

図26-12●アニメーションフレームをトゥイーン

　「トゥイーン」に「前のフレーム」、「追加するフレーム」に3を指定して「OK」で決定します。

図26-13●トゥイーン

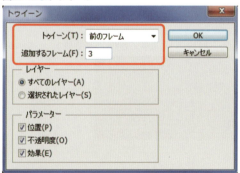

　フレーム1と2の間に3つのフレームが補間されます。

図26-14●フレームの補間①

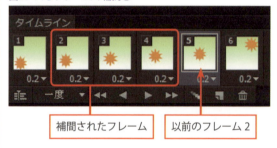

　最後のフレームを選択し、同じ設定でフレームを追加します。後はアニメーションの速度などを好みで調整します。

図26-15●フレームの補間②

●アニメーションの出力

　GIF 画像として保存後、プレビューするには GIF アニメーションに対応したビューアーが必要です。GIF 形式はウェブで一般的な形式なので、ウェブページに掲載することもできます。

　上部メニュー「ファイル」→「Web 用に保存」の設定画面で「GIF」を選択します。

　アニメーションを繰り返す設定にするには、「ループオプション」→「無限」を選択し、設定が終わったら「保存」でファイルを保存します。

図26-17●ループオプション

図26-16●Web用にGIFで保存

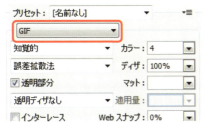

演習

(1) 以下のような透明度が変化するアニメーションを作成してみましょう。

図26-18●作成するアニメーション

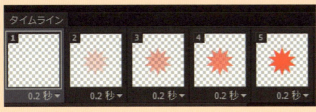

リンク付き画像を作成

ウェブページとなるHTMLファイルでは、画像の一部分をリンクにしてクリックで別ページに移動できる設定が可能です。このステップではリンク画像の作成と出力方法を学習します。

● 画像をスライス処理

一部にリンクの付いた画像を作成するには「スライス」という処理を行います。スライスするには以下のような方法があり、使用する画像によって効率のいい方法を選択しましょう。

任意で設定した範囲は「ユーザー定義スライス」、自動で設定された範囲は「自動スライス」となり、自動スライスはすべて同じ設定になります。

レイヤーに基づく新規スライス

クリック範囲がレイヤーとして独立している場合に手軽な方法です。

クリック範囲となるレイヤーを選択し、上部メニュー「レイヤー」→「レイヤーに基づく新規スライス」を選択します。

図27-1●レイヤーに基づく新規スライス

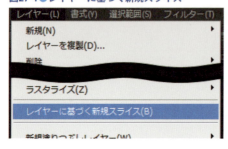

レイヤーの不透明部分を囲うように自動でユーザー定義スライスが作成され、周囲の画像も合わせてスライス設定が行われます。

図27-2●ユーザー定義スライスの自動作成

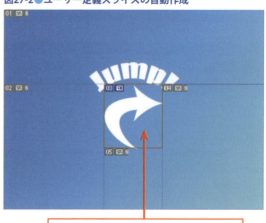

自動で作成されたユーザー定義スライス

スライスツール

JPEG画像のように1枚の画像上からクリック範囲となる画像を切り出す時に使用します。ショートカットキーはCキーです。

図27-3●スライスツール

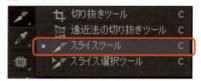

ドラッグでユーザー定義スライス範囲を指定します。指定後もドラッグで範囲の調整ができます。

図27-4●ユーザー定義スライス範囲の指定

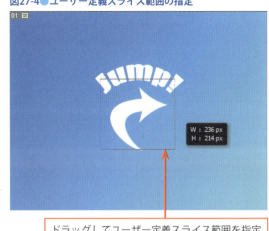

ドラッグしてユーザー定義スライス範囲を指定

HTML用の設定

スライス設定の次は、HTMLファイル上でどのような属性を持つかを設定します。設定をスムーズに行うにはHTMLについての知識が若干必要です。

スライス選択ツールに切り替えます。

図27-5●スライス選択ツール

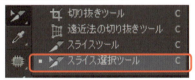

ユーザー定義スライスをクリックし、右クリックメニューから「スライスオプションを編集...」を選択します。

図27-6●スライスオプションを編集...

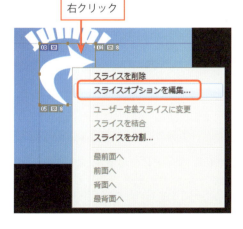

「スライスオプション」で以下の項目を設定します。

- 名前：この画像ファイルの名前です。ウェブ上で使用する場合は必ず半角英数字のみを使用します。
- URL：画像をクリックした時のリンク先です。
- Target：リンク先をブラウザでどのように開くかの指定です。_blankは別のタブで表示し、指定がなければ同じタブ上に表示します。
- メッセージテキスト：ブラウザのステータスバーに表示するテキストです。
- Alt：画像が表示されない場合の代替テキストです。

図27-7●スライスオプション

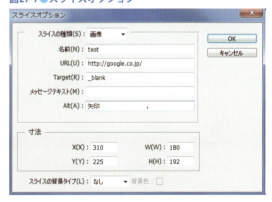

Step 27　リンク付き画像を作成　93

● 画像とHTMLファイルを保存

　スライス画像のみを保存することもできますが、そのままウェブページとして機能するようにHTMLファイルと同時に保存します。

　上部メニュー「ファイル」→「Web用に保存」を選択します。

図27-8●Web用に保存

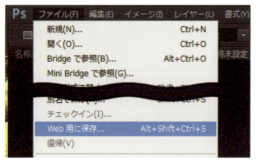

　色数が少ない場合はGIF、多ければJPEGを選択し「保存」で決定します。

図27-9●GIFかJPEGを選択

　フォーマットで「HTMLと画像」を選択します。多数のファイルが出力されるので、新規フォルダーを作成してその中に保存するようにして、さらにファイル名は画像同様半角英数字のみを使用するようにします。

図27-10●フォーマット：HTMLと画像

　保存先のフォルダー内にはHTMLファイルとimagesフォルダーが生成されています。

図27-11●作成されたファイルとフォルダー

　imagesフォルダー内にはHTMLファイル名と同名の自動スライス画像と、設定画面で設定した名前のユーザー定義スライス画像が生成されています。

図27-12●imagesフォルダー内の画像ファイル

● ブラウザで表示確認

　HTMLファイルがブラウザに関連付けされていれば、index.htmlのダブルクリックでブラウザが起動しプレビューできます。指定した範囲をクリックしてリンクしていることを確認しましょう。

演習

（1）ステップ11の演習（1）で保存したJPEG画像をスライスし、リンク付きの画像としてHTMLファイルを作成しましょう。

Step 28 3D機能で立体化

Photoshop CS3以降のExtendedバージョンやCC以降のバージョンには、3D機能があります。平面ピクセルを押し出すことによって2Dのみでは難しい立体感を簡単に出せるので、ロゴの作成などに役立ちます。

●オブジェクトを3Dに変換

以下の簡単な手順で選択レイヤーを立体化できます。編集時は3Dワークスペース表示に切り替えると作業しやすくなります。

文字ツール（Tキー）で入力したテキストレイヤーなどを用意します。

図28-1●画像の作成

レイヤーパネルでレイヤーを右クリックしてメニューから、または上部メニュー「3D」→「選択したレイヤーから新規3D押し出しを作成」を選択します。

図28-2●選択したレイヤーから新規3D押し出しを作成

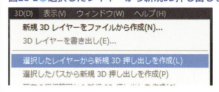

ワークスペースを切り替えるダイアログが表示されたら「はい」を選択します。

図28-3●ワークスペースを切り替える

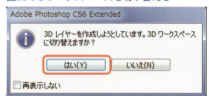

画面表示が3Dワークスペースに切り替わり、レイヤーが押し出しによって立体的な3Dオブジェクトになります。

図28-4●3Dワークスペース

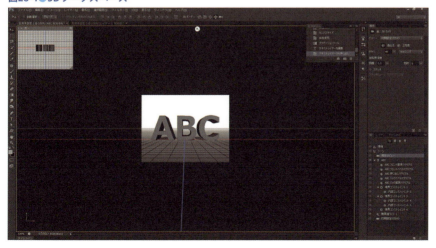

Step 28 3D機能で立体化 **95**

● 視点、光源の設定

　画面上のラインは青が Z 軸（奥行き）、赤が X 軸（左右）、緑が Y 軸（高さ）を示し、画面中央にある灰色の線が水平線です。移動や回転などは移動ツール（V キー）時に可能です。

　移動ツールのオプションでどの方向にどう移動するかを選択します。

図28-5●移動ツール

① 3D オブジェクトを回転
② 3D オブジェクトを Z 軸を中心に回転
③ 3D オブジェクトを X または Y 方向に移動
④ 3D オブジェクトを X または Z 方向に移動
⑤ 3D オブジェクトを拡大・縮小

　操作の対象は 3D パネルで選択します。環境選択時は視点、オブジェクト選択時はオブジェクトの移動や回転ができます。

　オブジェクト選択時も画面上または画面左下の軸を示す矢印をドラッグするといつでも視点移動ができます。

図28-6●視点移動

※明確な背景画像がある場合、実際には背景画像の消失点（手前から奥に線を引いた時、全ての線は水平線上の 1 点に集まる）と 3D オブジェクトの消失点を同じにする必要があります。

● シェイプの設定

　押し出し元の面と、押し出しによって生成された奥行き面との境界の形状などを設定します。これによって、立体感をさらに強調したり異なる印象を与えられます。

　画面上部にある「無限遠ライト」は環境全体に対する光源です。

図28-7●無限遠ライト

　クリックするとコントローラーが表示され、ドラッグで光の向きを変えられます。

図28-8●光の向きの調整

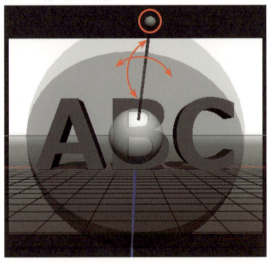

　3D レイヤーでオブジェクト名を選択し、属性パネルのメッシュアイコンをクリックして、押し出しの形状を編集します。

図28-9●メッシュ

サムネイルをクリックすると、プリセットが展開されるので「ベベルフレーム」を選択します。

図28-10●ベベルフレーム

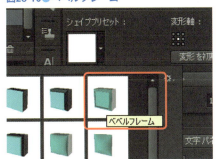

立体的な縁取りが付加されます。

図28-11●ベベルフレーム効果

● マテリアルの設定

3Dパネルのオブジェクト名の中には様々な設定項目が格納されています。マテリアル項目はオブジェクトの立体部分に様々な外観を加えるもので、プリセットがいくつか用意されています。

3Dレイヤーでオブジェクト名を選択し、「フロント膨張マテリアル」を選択します。押し出し元の面への設定項目です。

図28-12●フロント膨張マテリアル

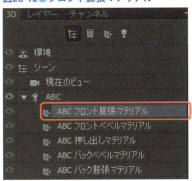

属性パネルのマテリアルサムネイルをクリックすると、プリセットが展開されるので「デニムの布」を選択します。

図28-13●デニムの布

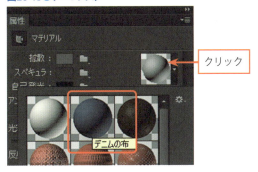

デニムマテリアルがオブジェクト前面に適用されます。

図28-14●テキストの前面にデニムの布が適用される

● レンダリング

　3Dオブジェクトを画像として描画し、プレビュー品質から最終出力品質の画像を生成します。

　属性パネル下の「レンダリング」をクリックするとレンダリングを開始します。

図28-15●レンダリング

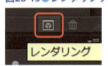

※レンダリング中に残り時間が画面左下に表示されますが時間が掛かるので、表示された状態が満足いくレベルであれば、画面のどこかをクリックしてレンダリングを停止させてもよいです。

　レイヤーパネルでレイヤー名を右クリックし、「3Dをラスタライズ」で通常のレイヤーに変換します。

図28-16●3Dをラスタライズ

通常の画像として編集できるようになります。

図28-17●ラスター画像

演習

（1）入力したテキストを3D機能を用いて立体的なロゴとして仕上げましょう。

Step 29 操作を自動化

アクションは、記録した操作をいつでも行うことができる強力な機能です。同じ操作を繰り返す場合などに積極的に活用して効率化を図りましょう。

● アクションの作成

アクションパネルを表示し、最初にセットを作成します。セット内に複数のアクションを作成できるので、似た内容のアクションは同じセット内に作成しておくと使い勝手がよくなります。

アクションパネルで「新規セットを作成」をクリックします。

図29-1●新規セットを作成

セットの名前を入力し、「OK」で決定します。

図29-2●新規セット

作成したセットを選択し、「新規アクションを作成」をクリックします。

図29-3●新規アクションを作成

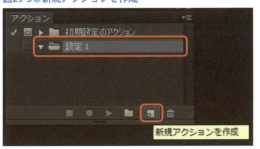

名前を入力して「記録」で決定すると、直後からの操作記録を開始します。

図29-4●新規アクション

記録中は「記録開始」のアイコンが赤くなります。

図29-5●アクションの記録中

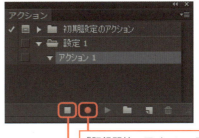

「記録開始」アイコン：アイコンが赤い間はアクションを記録中

「再生／記録を中止」アイコン：アクションの記録を停止する時にクリック

ここでは、一旦アクションの記録を停止します。

Step 29 操作を自動化 | **99**

● 操作を記録

　写真を加工するアクションは汎用的に使えるので、いくつか作成しておくと役に立ちます。ここでは画像に柔らかいぼかしと明るさを与えるアクションを作成します。

図29-6●使用する画像

図29-7●初期のレイヤー状態

　アクションパネル→「記録開始」アイコンをクリックしてアクションの記録を開始します。以降の操作がアクションとして記録されます。
　img レイヤーを右クリック→「レイヤーを複製」します。

図29-8●記録中①：レイヤーを複製

　上部メニュー「フィルター」→「ぼかし」→「ぼかし（ガウス）」で複製レイヤーをぼかします。

図29-9●記録中②：ぼかし（ガウス）

　複製レイヤーの描画モードを「スクリーン」にします。

図29-10●記録中③：描画モードを「スクリーン」に

　「再生／記録を中止」をクリックして停止します。

図29-11●再生／記録を中止

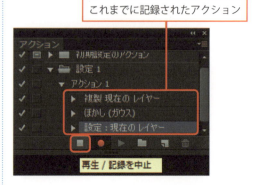

これまでに記録されたアクション

図29-12●完成画像

●アクションの実行

アクションを作成したら、他の画像でもうまく実行できるかを確認しましょう。エラーが出る場合はその地点でダイアログが表示されます。

図29-13●対象画像

図29-15●実行結果

作成したアクションを選択し「選択項目を再生」をクリックします。

図29-14●選択項目を再生

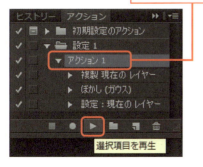

●アクションの注意

　アクションで全ての操作を記録できるわけではありません。例えば、ブラシのストロークは記録できません。また、塗りつぶしツールなどではクリック箇所の座標も記録するので、カンバスサイズが違う画像に対してアクションを実行した時にズレが生じる場合があります。

　レイヤー名に依存するような操作も、指定と同じ名前のレイヤーがない場合にエラーの原因になる場合があります。

　ユーザーに手動で操作を行って欲しい地点には、アクションパネルメニューの「中止を挿入」で操作を促すダイアログを表示させることができます。

図29-16●中止を挿入

演習

(1) JPEG 画像などを対象にした「サイズを 50% に縮小」→「JPEG 形式で保存」の挙動を記録した画像縮小アクションを作成してみましょう。

Step 30 大量の画像を自動処理

アクションを利用して作成できる「ドロップレット」は、ファイルをドロップするだけでアクションを実行でき、しかも複数のファイルを一度に処理できるので作業を大幅に短縮できます。

● ドロップレットの作成

ドロップレットはアクションを呼び出すアプリケーションとして出力されるので、事前に処理したい内容を記録したアクションを作成しておきます。

ステップ29の解説で作成したアクションにアクションを追加します。最後の項目を選択後、記録を開始し「Web用に保存」でJPEG画像として任意のフォルダーに保存すると「書き出し」の項目が加わります。

図30-1●「書き出し」アクションを追加

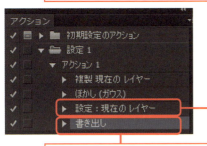

ステップ29で記録した最後のアクションを選択後、「記録開始」アイコンをクリック

「Web用に保存」でJPEG画像として保存する、「書き出し」アクションを記録する

上部メニュー「ファイル」→「自動処理」→「ドロップレットを作成」を選択します。

図30-2●ドロップレットを作成

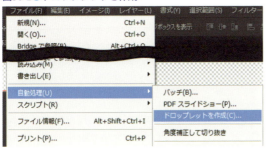

図30-3●「ドロップレットを作成」設定画面

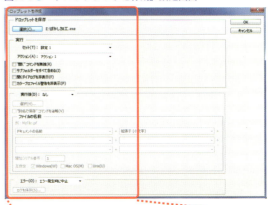

「ドロップレットを保存」→「選択」でドロップレットの保存先とファイル名を指定します。

図30-4●ドロップレットを保存

「実行」では使用するセットを指定し、セット内のアクションを指定します。

図30-5●実行

実行後の挙動を設定します。「フォルダー」を選択すると、指定したフォルダー内にファイルを保存します。アクション内に保存の動作を含めているので「"別名で保存"コマンドを省略」を有効にします。

図30-6●実行後

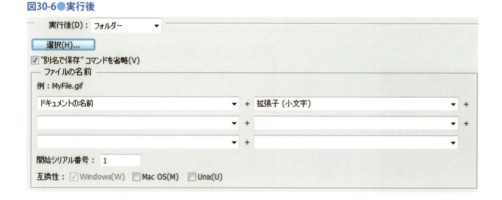

「OK」でドロップレットが生成されます。

図30-7●作成されたドロップレットファイル

● 処理の実行

　ファイルやフォルダーを選択し、ドロップレットアイコンにドロップします。ドロップするとPhotoshopが起動し処理が始まり、指定した場所にファイルが保存されます。

※保存場所のパスに日本語などのマルチバイト文字が含まれる場合、保存に失敗する可能性があります。
※大量のファイルを処理する場合は1つのフォルダーにまとめておき、フォルダーをドロップする方が動作が安定します。

図30-8●ファイルをドロップレットにドロップ

演習

（1）ステップ29の演習（1）で作成したアクションを利用してドロップレットを作成しましょう。

索引

数字

3D 95

C

CMYK 11

D

dpi 10

G

GIF 29
GIF アニメーション 88

H

HTML 93

J

JPEG 28

P

ppi 10

R

RGB 11

あ

明るさ 49
アクション 99
アンカーポイント 11
移動 63
イラスト 23
色 46
インデックスカラー 47
ウィンドウ表示 14
ウェブ用 27
オプションバー 17

か

解像度 10
拡張キー 61
画像のタイプ 10
カラーハーフトーン 44
カラーモード 11, 46
カンバス 19
カンバスサイズ 56
起動 12
曲線 75
切り抜き 58
切り抜きツール 57
クイック選択ツール 35
雲模様 44
グラデーション 23
クリックボード 33
クリッピングマスク 38
クリップボード 11
グループ（レイヤー） 20
グレースケール 46
クローン化 53
光源 96
合成 71
コピー 11
コピースタンプツール 66
コントラスト 49

さ

彩度 47
シェイプ 77
シェイプツール 78
色相 47
色料の三原色 11
視点 96
自動化 99
自動処理 103
自動選択ツール 35
情報パネル 17
除去 66
新規ファイルを作成 12

索 引

ズームツール	13
スタイルパネル	84
スポット修復ブラシツール	68
スマートオブジェクト	53
スマートフィルター	54
スライス	92
整列	64
選択	34, 37

た

タイムライン	89
楕円形選択ツール	34
多角形選択ツール	35
タブ表示	14
ダブルトーン	46
調整レイヤー	54
長方形選択ツール	34
ツール	16
ツールパネル	6
手のひらツール	13
トゥイーン	90
透明	86
透明部分	29, 37
トーンカーブ	52
トリミング	58
ドロップシャドウ	85
ドロップレット	103

な

なげなわツール	35
波形	44
塗りつぶしツール	40
ノイズ	45

は

ハード円ブラシ	23
バウンディングボックス	60
パス	74, 79
パターン画像	40
パッチツール	69

パネル	8, 16
パネル配置	18
パペットワープ	61
ハンドル	11
光の三原色	11
ピクセル	10
ヒストリーパネル	17
ビデオレイヤー	89
ファイルを開く	31
フィルター	43
複製	63
複製ブラシツール	67
ブラシ	21, 23
ブラシプリセット	21
プリセットピッカー	17
フレーム	89
分布	64
ペースト	11
ベクター形式	11
ベジェ曲線	74
ベタ塗り	48
ベベルとエンボス	85
変形	60
ペンツール	74
ぼかし	43, 45
ぼかす	36
星空	44
保存	25

ま

マグネット選択ツール	35
マスク	77
マテリアル	97
メッシュ	96
メニュー	6
文字	81
モノクロ2階調	46

や

読み込み	31

索 引 **107**

ら

ラスター形式	10
リンク（レイヤー）	20
リンク付き画像	92
レイヤー	19
レイヤースタイル	84
レイヤーパネル	19
レイヤーマスク	38
レベル補正	45, 51
レンダリング	98
露光量	50

わ

ワープ	61

■ 著者プロフィール

海川 メノウ（うみかわ・めのう）

フリーで CG 制作活動を行っている。

ウェブサイト「CG 制作」で各種 CG 関連ソフトの解説、「イラスト制作集」に作品を掲載中。

他の著書に『Blender2.7 ガイド & 3DCG 基本作品制作』、『Blender2.6 ガイド & 応用 3DCG 制作』、

『メタセコイア 4 マスターブック　3DCG モデリングの基本と応用』がある。

CG 制作　http://cg.xyamu.net/

イラスト制作集　http://illust.xyamu.net/

ご質問がある場合は・・・

本書の内容についてご質問がある場合は、本書の書名ならびに掲載箇所のページ番号を明記の上、FAX・郵送・Eメールなどの書面にてお送りください（宛先は下記を参照）。電話でのご質問はお断りいたします。また、本書の内容を超えるご質問に関しては、回答を控えさせていただく場合があります。

情報演習 ㉚

Photoshop CS6 ワークブック

2016年10月10日　初版第1刷発行

著　者　　海川 メノウ
発行人　　石塚 勝敏
発　行　　株式会社 カットシステム
　　　　　〒169-0073 東京都新宿区百人町4-9-7　新宿ユーエストビル8F
　　　　　TEL　（03）5348-3850　　FAX　（03）5348-3851
　　　　　URL　http://www.cutt.co.jp/
　　　　　振替　00130-6-17174
印　刷　　シナノ書籍印刷 株式会社

　　　　　本書の内容の一部あるいは全部を無断で複写複製（コピー・電子入力）することは、法律で認められた場合を除き、著作者および出版者の権利の侵害になりますので、その場合はあらかじめ小社あてに許諾をお求めください。

本書に関するご意見、ご質問は小社出版部宛まで文書か、sales@cutt.co.jp 宛に e-mail でお送りください。電話によるお問い合わせはご遠慮ください。また、本書の内容を超えるご質問にはお答えできませんので、あらかじめご了承ください。

Cover design Y. Yamaguchi　　　　　　　　　Copyright©2016　海川メノウ
Printed in Japan　ISBN 978-4-87783-831-7